100 CHATS QUI ONT
FAIT L'HISTOIRE

创造历史的
一百只猫

【法】多利卡·卢卡奇 著　冶棋 译

生活·讀書·新知　三联书店

This is the way to get off School !

My word, that must have been a German mouse!

When Dad plays golf he wears, you see,
  A "tammy" on his head.
I hope that he won't miss the ball,
  And hit young
    Tom instead.

©Michael O'Mara Books /Gaopin

Diabolo

"Even Baby plays it"

Louis Wain

At last!

WE SHELL!

A MASCOT

Outline except landscape
by Louis Wain.
Colouring by Hanslip

Awaiting their Turn.

LODGINGS WANTED.

©Michael O'Mara Books /Gaopin

©Michael O'Mara Books /Gaopin

WALLFLOWERS.

©Eileen Tweedy / Gaopin

致我的儿子保罗

Sommaire

目　录

Jack and the Beanstalk.

引　言

猫与历史：一部五幕戏剧

　　游历于时光之中，穿行于世界之内，甚至走出地球，去往其他星球；随后逐一体验从崇敬到热爱，包括仇恨在内的各种感觉，体验其中的细微差别，体验由艺术、音乐、神话带来的升华……

　　这样的计划太过宏大，根本不可能完成！

　　我早就知道你要这么说。

　　可万一成了呢，甚至得来全不费工夫呢？其实你只需将这本书一页一页读下去，老老实实跟着猫走就好。这里的猫可以是昨天的猫，也可以是今天的猫，没准儿还是你自己的猫呢，谁知道？

天堂门口

有一个十分古老的传说告诉我们，亚当和夏娃是在一个既没有月亮也没有星星的漆黑夜晚被赶出天堂的。上帝掀起了一阵狂风，用猛烈的风暴把失宠的人类和兽类吹到了很远的地方。第二天，当万物恢复平静后，人类和兽类感受到的是怎样的凄凉，又是何等的失落！但所有人兽中最为沮丧的就是亚当的三儿子雅各。

面对雅各难以抚慰的惶恐，猫——它清楚地记得走过的路途——建议他为自己削一根手杖。

于是，雅各和猫开始上路，就这样一连走了好几天。他们穿过了一片广袤的沙漠，不知道吃了多少苦。然后，有一天早上，雅各的手杖开始发芽、开花，预示着乐园的大门已经不远了。

守门的天使被他们的勇气所感动，准许他们到天堂待上一个小时，离开的时候每人可以摘走一颗果子。

　　亚当的孩子和猫分别向他们各自后代中的长子泄露了这条秘密路线。从此,这个珍贵的秘密便一代一代传了下去,而且这种传承大概还要继续下去,直到时间终止……

　　所以,我们中间可能永远都会有"一个孩子和一只猫",他们知道去往伊甸园的路线。至于被取名为"雅各之杖"的那种植物(黄日光兰,拉丁语也叫 *Asphodeline lutea*),就出自这根手杖,第一批人类之子从前就是遵照天使的命令把它种在天堂门口的。

Les chats et la guerre

猫与战争

猫与贝鲁西亚之战 [1]

保守了四十个世纪的秘密

尽管存在某些分歧，但人们今天还是普遍认为猫是五千多年前在埃及被驯化的。[2] 从希罗多德、普鲁塔克，到亚里士多德和西西里的狄奥多罗斯在内，古代的思想家和历史学家都注意到了猫在埃及人心目中的神圣性，而且对此无不感到惊奇。

埃及人对猫怀有的崇拜最初是否具有某种历史原因呢？早在公元前1世纪，古希腊历史学家狄奥多罗斯就已经在琢磨这个问题了。他认为，军事上取得的胜利很可能与军旗上的动物存在某种联系，其中就包括猫。或许这种崇拜只是基于猫的这样一种实用性：它可以杀死蛇类并赶走啮齿动物（包括家鼠和野鼠），从而既保证居家环境的安宁，又守护了庄稼的收成。

家猫

　　家猫的学名为 felis catus。今天，我们在欧洲可以查到五十个以上的猫的品种，它们的差别通常主要集中在须毛的长度、毛皮的颜色，有少数只是个头大小的差别。

化身动物的诸神

猫作为守护者的角色是毋庸置疑的，它们既守护人类，同时也保护他们的物质财富，此外还要看到它们在宗教生活中所起的作用。同时，狄奥多罗斯还提出了另一种假设，这一假设是建立在神话的基础之上：为了躲避敌人，埃及诸神很可能变成了动物的样子，猫有可能就是其中之一。

不管缘由何在，猫对尼罗河畔人民的神圣性毋庸置疑。他们把猫养在寺庙里，也养在家里……等到猫死的时候，他们会在圣堂内为猫涂上防腐香料，埋进专门的墓地——比如位于布巴斯提斯（Bubastis）的墓地，这座城市本身也是猫神贝斯特（Bastet）的圣城，或者埋进它曾经的主人的家庭墓地。为了表达悲伤，同时作为哀悼的象征（这样的哀悼会持续七十天），家有过世之猫的人会剃掉他们的眉毛。由此可见，人们对猫给予了与人同等重要的关注与关怀。

远去的女神

顺便提一句那个讲述"远去的女神"的神话。长着一副母狮面相的赛克迈特（Sekhmet，意思是"强大有力"）是太阳神和创世神"瑞"（Rê，也叫"拉"[Râ]）的女儿。她一气之下离开了父亲的宫殿。她父亲派舒和托特找她回来。托

猫神贝斯特

贝斯特最初是一位战争女神，通常她的形象是一只母猫或者一位猫首人身的女性。但经过改造，她又演变成了一位喜爱音乐、跳着轻柔的猫步的微笑女神。她还是保佑居家安宁与分娩的女神。她的标志就是摇铃[3]和柳筐。有时她也会变成狮首女人的样子，看上去令人生畏。

你家那只温柔多情的猫咪长得像她吗？别看它姿态优美地坐在你的长沙发上或者壁炉旁边，打着呼噜，喵喵叫着，眼睛里充满恳求，但其实本能的野性随时有可能发作。它们四掌固然柔软，但爪甲却依旧锋利。

特凭借三寸不烂之舌，最终说服了她，但为了避免她再一次怒火中烧，托特将她沉入了菲莱岛（Philae）上的第一瀑布。出水之后，她恢复了平静，从凶猛暴躁的母狮变成了容貌亲切、与人为善、守护人类家庭的猫神贝斯特。

一场"轻易得来"的胜利，果真如此吗?

唉，埃及人对猫的偶像崇拜有时也会适得其反。公元前525年，类似情况就出现在了贝鲁西亚。

这座城市位于尼罗河三角洲最东端，在《圣经》中曾被当成"埃及之力"提到过，历史上这里发生过几次重大战役。亚述国王西拿基立（Sennachérib，公元前704～公元前681年在位）和尼布甲尼撒二世（Nabuchodonosor II，公元前605～公元前562年在位）的那两次进攻就是其中最著名的战役。正在准备攻入这座城市时后者收到了父亲去世的消息。他返回巴比伦加冕，埃及也因此逃过了一劫。

公元前663年，普萨姆提克[4]成功地赶走了亚述人和埃塞俄比亚人，帮助埃及赢得了独立。他的继任者们试图延续他的伟业，但第二十六王朝的最后一位法老普萨姆提克三世却被居鲁士二世的儿子、波斯国王冈比西斯打败，埃及成了阿契美尼德王国的一个省。

公元前525年，冈比西斯二世[5]兵临贝鲁西亚城下，但却久攻不下，因为埃及人一直在抵抗。为了攻克这座城市，他耍了一个谁都能想到的花招：他知道埃及人崇拜猫，便把活蹦乱跳的猫发给士兵们，用来代替盾牌。按照另外的说法，猫很有可能只是被画到了盾牌上，就像被奉为神物的狗、羊、鹮等一样。被围在城里的埃及人立刻停止了射箭，生怕伤到这些无辜的动物。贝鲁西亚遂告陷落。

这场"轻易得来"的胜利记载在波利阿努斯所著的《谋略》（*Stratagèmes*）一书里，后来又被很多人转述过，足以证明埃及人民对猫的喜爱。除此之外，正如希罗多德指出的那样，即使是在饥荒时期，这里的人民宁愿自己饿死也不愿牺牲那些神圣的动物。

猫与拿破仑的埃及之战

"必须到东方去，所有荣耀都源于这里。" [6]

探望鼠疫病人

1797 年，年仅二十八岁的拿破仑已成为将军。对于这位痴迷亚历山大大帝的将军而言，东方代表着巨大的希望。在塔列朗[7]的帮助下，他成功说服督政府接受了自己的观点，开始了一石三鸟的征服计划：军事征服、政治征服、科技征服。

1798 年 5 月的一天早晨，三万八千名士兵和一万五千名学者（工程师、医生、人文学家……）离开土伦，驶经马耳他，于 7 月初在亚历山大港上岸。

在埃及之战中，鼠疫的流行成了导致拿破仑军队惨败的罪魁祸首，不仅遏制了军队向叙利亚推进，甚至还成为这场战役被迫中止的原因。

根据拿破仑的命令，"鼠疫"一词无人敢提，以免在士兵中引起恐慌，同时也是为了给已经患上鼠疫的人以希望。但这真算不上什么明智之举，因为士兵们没有采取足够的防护措施，他们有时甚至还会穿上患病死去的同伴的衣服。

为了重新提振士气，将军亲临医院，与病人交谈，展示了他不同寻常的沉着镇定。这幕场景被画家安东尼－让·格罗（Antoine-Jean Gros）于 1804 年画了下来，取名"拿破仑视察雅法鼠疫病院"。

猫群

此刻，猫也跟着上了路。人们尝试着用它们来阻止老鼠对法军营地的入侵。这一次，我们这些可爱的猫科动物所具有的狩猎才干不再是为了保护粮仓里的收成，而是将人类从传染病中拯救出来。同往常一样，它们的任务完成得出奇的好。[8]

作为动产的猫

在拿破仑时期编纂的法典（1804年）中，第五百二十八条从法律上将动物限定为与无生物一样的"可移动财产"。可以说，当时刑法已经隐晦地承认了我们这些动物朋友是可感可知的（并以此来惩戒那些施加在它们身上的残忍行为）。直到2014年4月16日，人们才又提出一项修正案，改变了动物的法定身份。

克里米亚战争中的一只家猫

　　克里米亚战争（1853～1856 年）期间，威廉·盖尔
（William Gair）队长的士兵开进满目疮痍的塞瓦斯托波尔市时，
在一座地窖里惊奇地发现了一只漂亮的虎斑猫，它的身边还躺
着两个受伤的俄国士兵。尽管被包围了很长时间，但这两名士
兵似乎吃得相当好，就与这只公猫一样。当这只猫带着一如既
往的友善把士兵们领到隐藏在瓦砾中的食物贮藏室时，谜团就
此解开，他们的好奇心也得到了满足。它会经常跑到这里，赶
走附近为数众多的老鼠。

　　这只讨人喜欢的猫咪名叫汤姆（或者称为塞瓦斯托波
尔·汤姆），它就这样挨过了被围的九个月，并在同样长的时
间里帮助挨饿的士兵幸免于难。后来它被英国军官收留，结
果又帮这些军官们找到了食物。

安妮·弗兰克的善战之猫

犹太人的猫

不管从哪方面讲，它们还真算不上是安妮·弗兰克（Anne Frank）的猫。

其实，它们都是吉斯公司养的猫，这家公司是安妮的父亲奥托·弗兰克手下的一名女职员的丈夫开的，为的是避免这个犹太家族的企业被德国人没收，同时还可以帮助他们维持收入来源。

1942年7月，弗兰克全家逃离家园，住进了"密室"，这是一处他们私下和几位非犹太裔员工共同收拾出来的住所。很快，弗兰克全家又被范·佩尔斯夫妇（彼得的家人）接进了他们的避难所，接着又被牙医F. 普费弗尔收留。在阿内克斯度过的两年时间（1942～1944年）里，安妮心惊胆战地写下了那本著名的《安妮日记》，但他们最终还是被盖世太保发现并送入了集中营。

德国人？英国人？

吉斯公司的两只小猫以驱赶老鼠为己任，一只负责仓库和办公室，另一只则负责顶楼。它们的每一次不期而遇几乎都会引起一番大战。

安妮·弗兰克解释了为它们取名的"政治"考虑：木非（"Moffi"的俗称，荷兰语中指"德国鬼子"），就是看仓库的那只，属于进攻一方，代表德国人；而托米（Tommy）[9]，就是负责看守顶楼的那只——通常在最后都会占得上风——则代表英国人。这只或那只小猫的胜利经常会被阿内克斯的居民看成某种征兆，或吉或凶，象征着他们自身处境的未来走向。

笨手笨脚的木西

木西原本是安妮·弗兰克的朋友彼得·范·佩尔斯的猫。进入密室的时候，他把他的小猫也带来了[10]，这惹得小姑娘很不高兴。因为搬入藏身处时，她不得不扔掉了自己心爱的小猫莫奇（Moortje）。好在乖巧又顽皮的木西很快就成了孩子们的宠儿，尽管它总是那么笨手笨脚……

说到笨手笨脚，1944年5月10日的《安妮日记》中曾写道："木西蹲在自己的窝边，对着顶楼地板的一道缝隙撒了泡尿。尿液渗过天花板，滴到了土豆桶上，然后又滴到了'桌上放着的一堆袜子和一本书之间'。"

这一幕被安妮描写得又好笑又好气：尽管彼得一直在忙活，抓紧时间用水和漂白粉把所有东西都洗了一遍（因为猫尿的味道十分强烈），但土豆还是被猫尿泡了。他父亲试图安抚大家的情绪，此刻可怜的闯祸者则躲到一把椅子下面，期待风暴赶紧远离。

哦，该死的木西！

木西命运如何？按照弗兰克一家的好友梅普·吉斯的说法，它大概是在盖世太保走下密室前不久消失不见的。大约两周之后，它又回到了原地。

当心，要沉啦!

猎杀开始

1941 年 5 月，德国潜艇[11]"俾斯麦"号沉入了大西洋冰冷的海水之中。它的任务是击沉从北美驶来的盟军舰队，这次任务完成得相当出色。几天以前，当它驶出丹麦海峡时，还击沉过不列颠海军的旗舰——号称"不可战胜"的"胡德"（Hood）号战列巡洋舰。英国人接到命令，要想尽一切办法击沉这艘"纳粹恶魔"。

经过三天漫长的鏖战，不列颠人终于击败了它，德舰的装甲舰，其方向舵已经被皇家海军摧毁，舰身则被己方船员凿沉，由舰尾开始缓慢下沉，最后彻底消失在大洋之中。它的沉没在纳粹德国海军中引起了一场震动。两千多名船员，仅有百余人存活下来，其中就包括一只喉部长着白毛的漂亮的黑猫，名叫奥斯卡。这只猫被英国的"科萨克"（Cossack）号驱逐舰的船员好心收养，重新取名为"不沉的萨姆"。仅仅几个月之后，"科萨克"号又被一艘德国潜艇击沉。更名"萨姆"的奥斯卡再一次成为幸存者中的一员。这一次，它登上了"皇家方舟"号航母，在那里受到热烈欢迎。可惜呀，这个新家它也没待多久，厄运还在延续，"皇家方舟"号后来被鱼雷击中沉没……

那么，我们的奥斯卡－萨姆呢？

当然是第三次获救了！这一次，它又登上了"军团"号驱逐舰。但是，经过这么多次灾祸，英国海军部宁愿把它留在陆地上，于是决定将其运送回国。而这只幸运的（也可以说是不幸的，见仁见智）小猫后来作为女王陛下的心爱之物，与一位友善的爱尔兰老水手——此人从不迷信所谓厄运之类的说法——在贝尔法斯特（Belfast）的海员俱乐部里过上了幸福的生活，直到平静地终结生命（第四条命）……

守护天使：辛巴达

　　"狼群"是第二次世界大战期间美国海军的一个飞行中队，弗雷德·J. 克里斯滕森（Fred J. Christensen）上校就是其中一员。他在英国收养的小黑猫辛巴达也是。当然，只是在某种程度上这么说，因为这只美丽的小猫不过是躲在飞机驾驶舱底部，陪着勇敢的上校执行任务而已。它英勇的主人每次都能平安归来，而且大部分时候，任务都完成得十分漂亮。1944 年 2 月，克里斯滕森被评为"王牌飞行员"，他已完成了一百多次作战飞行，击落了不少于二十二架德国战斗机。这一战绩让他在美国空军中荣列第十二名，在美国空军第八航空队王牌飞行员中荣列第七名。这位王牌飞行员坚信，他的战绩应该也有辛巴达的功劳。战后回到美国的时候，上校带上了辛巴达。他酷爱爵士乐，开心地脱下军服，换上了音乐家的演出服。他可以同时演奏钢琴和单簧管。当他发现辛巴达其实是一只母猫时，那份惊讶就别提了！

斯大林格勒保卫战的英雄猫：穆尔卡

城市象征

从 1942 年 7 月 17 日到 1943 年 2 月 2 日，总共一百九十九天的时间里，斯大林格勒（现在叫伏尔加格勒）遭到了德国国防军的猛烈进攻。苏联红军经过浴血奋战[12]，以非凡的英雄壮举赢得了胜利。这场胜利成了第二次世界大战的决定性转折，尤其具有象征意义的是：对最终胜利的确信让同盟国阵营的疑虑一扫而光。

在名垂后世的英雄当中，就有这只名为穆尔卡的猫。

神不知鬼不觉

在这场战役中，城市被一个街道接一个街道地攻占着，战斗打得十分残酷。此时此刻，随便现身意味着巨大的生命危险。传递敌方位置的重要情报——尽管很有必要——甚至可以说变成了一种自杀行为。在这种情形下，用什么办法才能保持与总部的联系呢？

　　一只名叫穆尔卡的流浪猫帮助人们找到了解决之道。这简直出人意料，而且绝无仅有，还是最佳方案！这只流浪猫传递了大量情报，从而让人类少冒了很多生命危险。

感恩它们！

第一次世界大战期间，超过五十万只猫曾经守卫过英国军队贮存的食物。借助它们猎杀老鼠的才干，人们保证了战争供给。除此之外，它们还曾被用于探测敌人的毒气。

受勋之猫：西蒙

解开缆绳！

西蒙是香港码头上的一只流浪猫，于 1948 年 3 月悄悄登上了"紫石英"号驱逐舰。它很快就赢得了舰长的欢心，无拘无束地陪着他巡视全舰。过了一年，新舰长贝尔纳·斯基内尔上任，西蒙毫不费力地维系了新舰长对它的优待。如果说，它擅长捕鼠的优点让新舰长印象深刻，那么它的忠诚和温顺也毫不逊色。但让它荣膺迪金勋章[13]的却是它的勇气。

扬子江上

1949 年 4 月 20 日那天，航行在扬子江上的"紫石英"号驱逐舰，因为拒绝撤离，遭到了中国人民解放军的炮击。一发炮弹正中舰长室，舰长被击毙。军舰想要摆脱攻击，但却搁浅在了玫瑰岛上。

　　西蒙虽然躲过了爆炸，但却身负重伤：它被四片弹片击中，失血严重，整体情况令人担忧。送到诊所时，大家都觉得它活下去的希望十分渺茫。但人们都忽略了它坚强的意志力，或者说一时没想起猫有很多条命……西蒙紧紧抓住生的希望，慢慢活了过来。

　　舰只进退不得，食物日渐稀少，老鼠迅速繁殖，开始劫掠船员们的食物。西蒙自然而然地充当起猎手。捕鼠间隙，它还会跑到诊所去鼓舞那些养伤的水手，而且效果极好。

无畏的英雄

　　7月30日夜晚，"紫石英"号才得以脱身，顺江而下，不无波折地逃离了厄运。小猫西蒙因表现英勇而受勋获奖。

以船为家

几个世纪以来，猫的身影一直没有停止出现在舰船上，而且这个物种正是凭借这种方式散布到全世界的。它们使命何在？当然是灭除出没于船舱中的老鼠。自15世纪起，热那亚保险公司就明白了猫所提供的服务对于船主们有多重要，如果哪条船上没有猫，他们就会拒绝赔偿老鼠给船主造成的损失。除此之外，猫还可以填补水手们的空虚，成为他们漫长旅途中的好伴侣。在法国，将猫带到船上的做法是由路易十四的大臣科尔贝（Colbert，1619～1683）正式明确提出的。人们也将如下这段话归于他的名下："这艘船正常航行，是因为船上有两只猫。"

要塞守卫者：汤姆猫

带来好运的黑猫

1863 年，亚伯拉罕·林肯就任总统第三年的第二天，此时南北战争已经愈演愈烈。在小型土制堡垒麦卡利斯特（McAllister）堡，自从敌人的炮弹开始夜以继日地轰响以来，驻军的生活就发生了翻天覆地的变化。

幸好，这些勇敢的守卫者身边还有一位绝佳伴侣。它乖巧、顽皮、体贴，随时都能提振士气，这就是黑猫汤姆。它以自己欢快的情绪和无畏的勇气感染了堡垒里的每一个人。它总是灵巧地穿行于弹雨之中，敢于无视敌人的射击，或许是仗着自己有九条命吧，直到好运耗尽……

好运耗尽

可惜，1863 年 3 月 3 日的那场猛烈的攻势造成了悲剧：

联军的一发炮弹削掉了约翰·B. 加利耶少校的脑袋，接着汤姆成了第二个牺牲品。战役结束后，一份有关两位死难者悲惨情况的报告被交到了博勒加尔将军手中。至此，汤姆猫的好运耗尽了。

他们一直在站岗

著名企业家亨利·福特（Henry Ford，1863～1947）于 20 世纪 30 年代让人重修了麦卡利斯特堡。在工地上干活的工人们讲起，他们施工的时候总能听到奇怪的声音。有些人甚至表示自己被吓坏了。后来，花园中挖出了一具身穿南北战争时期军服的无头尸体，身边跟着一只黑猫……

"猫鼬行动"中的古巴猫们

　　20 世纪 60 年代，中央情报局在古巴组织了一场行动，代号"猫鼬"，其目的是促使菲德尔·卡斯特罗下台。这次行动的目的之一是烧毁古巴的收成，而这些罪恶之火就是由渗入古巴的美国间谍点燃的，他们借助的正是猫。不过具体的实施过程，我们也只是道听途说。

　　他们没有征求这些可怜的小家伙的意见就残忍地利用了它们。他们把浸透汽油的布条绑在这些小猫的尾巴上，之后点燃布条。恐惧与痛苦逼迫倒霉的小猫们发疯似的冲进庄稼地，所到之处火势顿起……

"冷战"中的间谍小猫

喵喵叫的间谍

"冷战"时期也是形形色色的间谍工具大肆泛滥的黄金年代。我们依然记得，以苏联为首的东方阵营和以美国为首的西方阵营怎样戏剧性地上演着一幕接一幕的对立行动：宣传战、经济战、军备竞赛和间谍网络，可谓你来我往，相持不下。

在那些动荡的年代（1950～1970 年），中央情报局有时也会把戏演砸。其中一个自作聪明的馊主意就是利用猫的耳蜗（内耳）刺探敌方情报。也就是说，他们把一只麦克风插进一只可怜小猫的听神经管，再以装在猫肚子里的电池和一只无线发射器完善整套装置，最后再把一根传输天线移植到猫尾巴上。

　　五年的准备，超高的成本（耗资一千六百万英镑），做出来的不过是第一次实地试验就没能成功的失败品。

失败的行动

　　让我们想象一下这样的场景，它并非取材自某部电影（否则质量也太成问题了），而是最糟糕的现实：一座公园里，间谍们藏在装满精密仪器和器材的小卡车里。所谓精密仪器和器材，其实就是各种各样没用的物件，当然还有倒霉的猫咪——那些所谓的声学小猫。他们把小猫放出卡车，开始进行第一组测试，也就是偷听秘密谈话。可惜，这只安了电子装置的超级猫咪一下车就被路过这里的出租车轧死了……

注　释

1　贝鲁西亚是下埃及的一座城市，位于尼罗河三角洲东北端。公元前 525
　　年，波斯国王冈比西斯二世与埃及第二十六王朝最后一位国王普萨姆
　　提克三世在此大战一场，最终埃及战败，普萨姆提克三世被俘，冈比
　　西斯二世建立埃及第二十七王朝，也是波斯第一王朝。——译者注

2　考古学家在塞浦路斯（施约罗坎波斯一带）发现了一处距今九千五百
　　年的墓穴，里面有一具三十多岁男人的骨骸，旁边卧着一只猫的骨
　　骸。人猫之间的关系难道会上溯到公元前一万年的时候吗？

3　在古埃及，摇铃——sistre，也可以写成 sistrum——是一种神圣的乐
　　器，女神们摇着它消除尼罗河的涨水灾祸，或者远离具有破坏力的
　　"红神"赛特。如今，摇铃已经被铃鼓所取代。

4　古埃及塞伊斯国王，第二十六王朝法老，在位时间为公元前 664～公
　　元前 610 年。——译者注

5　波斯阿契美尼德王朝国王，在位时间为公元前 529～公元前 522
　　年。——译者注

6　Louis-Antoine Fauvelet de Bourrienne, *Mémoires de M. de Bourrienne*,
　　Paris, Ladvocat, 1828, t. II; *apud* Robert Solé, *Bonaparte à la conquête de
　　l'Égypte*, éditions du Seuil, 2006, p.15.

7　法国政治家、外交家，从 18 世纪末到 19 世纪 30 年代，曾连续在
　　六届政府中担任外交部部长、外交大臣、总理大臣，以足智多谋著
　　称。——译者注

8　顺便提一句，我们应该还记得 1894 年香港地区流行的鼠疫。这场鼠
　　疫使得瑞士医生亚历山大·耶尔森（1863～1943）于当年分离出了鼠
　　疫杆菌，从而找到了鼠疫的元凶。

9　不过他们最终却留下了木非，扔掉了托米。后来另一只小猫木西随着
　　范·佩尔斯夫妇的孩子彼得来到了此地。

10　他们八个人挤在弗兰克家的密室。被捕之后，《安妮日记》被梅
　　普·吉斯收藏。阿内克斯的所有居民中，只有奥托·弗兰克一个人活
　　着走出了集中营。安妮于 1945 年 3 月去世。

11　此处疑为作者笔误，"俾斯麦"号系德国战列舰，始建于 1936 年 7
　　月，1939 年 2 月下水，1940 年 8 月建成服役，是当时吨位最大的战
　　列舰之一。——译者注

12　这场战役堪称史上伤亡最惨烈的战争之一，伤亡人数可悲地达到了
　　二百万，其中包括二十万以上的平民。

13　相当于颁发给动物的维多利亚十字勋章。

Maudits Chats

该死的猫

几位著名的憎猫人士

> 你在这个世界上不会见到有谁像我这么恨猫，
>
> 我对它们深恶痛绝；
>
> 我恨它们的眼睛，
>
> 恨它们的前额，
>
> 恨它们的目光，
>
> 而且我一见到它们就会躲得远远的。
>
> 我的神经会抖动，静脉会抖动，四肢也会抖动。
>
> 我从不会让它们走进我的房间……[1]

　　法文中有一系列单词：ailurophobie、élurophobie、gatophobie、félinophobie，它们所指的都是一种极度的、没有来由的恐惧，而恐惧的对象正是猫！

　　ailurophobie（有时也写成élurophobie）源于古希腊语"ailouros"（猫）和"phobos"（恐惧），这一学术名词特指怕猫或憎猫之人。对猫的恐惧相对来说比较少见，但就像被其他外

恐惧与惊骇兄弟

在希腊神话中，福波斯（Phobos：恐惧）是阿瑞斯（Arès）和阿芙洛狄忒（Aphrodite）的儿子，也是得摩斯（Déimos：惊骇）的哥哥。他和弟弟一起在战场上陪伴着父亲。我们都记得，这位父亲是一位战争与孤寂之神。福波斯会让士兵心里产生恐惧与怯懦，驱使他们逃离战场。

界物质引发的恐惧一样，这种恐惧通常也会形成一种障碍，表现在身体上有可能为心跳加快、恶心，甚至是恐惧症的发作。

我们将在后面的章节中看到，这样的恐惧也涉及几位国王和几位大人物，而且他们不在少数！

尤利乌斯·恺撒

这个世界上有很多国王和大人物都曾患上过这种恐惧症。有人这样声称，即便是像恺撒这样骁勇的斗士，只要一看到猫也会当场晕厥。当然，除了在上层社会，猫在当时的罗马并不特别常见。当时的人们都是把黄鼬或者白鼬当猫来养，用来保护家宅免遭老鼠袭扰；至于猫，它们常被罗马人指责对待鸟类过于残忍。[2] 当时在罗马，人们对于鸟类是十分钟爱的。在庞贝的农牧神之家，有一幅镶嵌画，表现的就是一只大猫正在残暴地咬死一只鸟。

亨利三世

处于同样境况下的亨利三世[3]似乎具有严重的歇斯底里倾向。根据史料记载，他无论如何都无法与一只猫单独待在房间里面。这不管是对亨利三世，还是对猫都是一种真正的磨难。实际上，这位国王对猫的厌恶是如此强烈，以至于他毫不吝于对它们采取任何惩罚措施，如果有机会，甚至会将

来自科学界的坏消息！

文艺复兴时期，有位著名的外科医生安布鲁瓦兹·帕雷（Ambroise Paré，1510～1590）。他认为，挨着一只猫睡觉是一种危险性极高的行为，因为猫身上被感染的须毛有可能会传染肺结核。此外，它"恶毒"的目光也可能会引起震颤和恐慌的发作。

它们赶尽杀绝。在朝廷当差的人当然也就禁止养猫。

英格兰的伊丽莎白一世

在著名的血腥玛丽，也就是玛丽一世（1516～1558）统治时期，人们把猫当成新教异端的象征并放火焚烧。此后，伊丽莎白一世接替玛丽统治英格兰，人们继续一心一意地放火烧猫，这一次它们被指责的罪名是弘扬天主教异端。

伊丽莎白一世被称为"童贞女王"，她在加冕时很可能把一尊用柳条编成的教皇雕像扔进了火里，里面装满了猫。亨利八世和安妮·博林的这个女儿是一位杰出的古希腊语和拉丁语专家，可以把多种语言都讲得十分完美（包括意大利语、法语和西班牙语）。她是由多位热衷古希腊语、拉丁语的人文学家教育而成的。但在她统治时期，仍然发生了多起巫术官司。

1566 年，在埃塞克斯，阿格尼丝·沃特豪斯就曾坦承自己是一名巫师，而且养了一只白猫，取名撒旦。这只猫的叫声十分阴森，只要同意给它一滴血，它就会对女巫唯命是从。由于这只恶猫禁止她用英语祈祷，她就开始用拉丁语祷告，而拉丁语正是天主教徒们使用的语言。

简直是大逆不道！在自己犯下的诸多罪行中，阿格尼丝·沃特豪斯就曾告解过好几起杀人案，包括杀死自己的丈夫，以及宰杀牲畜。她被认定有罪，并在受到指控几天之后被绞死。同样需要注意的是，伊丽莎白女王的律师以个人名义参

穿靴子的猫

　　有一天，年轻的军官拿破仑穿着军服出现在佩尔蒙夫人的客厅，为自己的这身装束而沾沾自喜、备感荣耀。但他的靴子却与自己的小短腿不成比例。在洛尔·佩尔蒙——未来的阿布兰特斯公爵夫人[4]，事实上，此时的阿布兰特斯还只是个孩子——和她姐姐塞西尔眼里，多少显得有点滑稽。看到他的这副打扮，她们不禁发出一阵大笑，令生性不爱开玩笑的拿破仑恼羞成怒。塞西尔更过分，把他说成是"穿靴子的猫"。不过，未来的法兰西皇帝很善于克制自己的怒气，对客厅里的人们装出一副笑模样，表现得像个绅士。

　　不久之后，为了表示和解，他再次光临。这一次，他带了一个小玩具，表现的是跑在卡拉巴斯侯爵马车前面的那只穿靴子的猫，送给那位妹妹，还有一本小故事书《穿靴子的猫》，则送给了那位姐姐。[5]

加了对沃特豪斯的第二轮审判。英格兰对巫术的这场史无前例的判决开辟了惩戒巫术的道路，不管这些巫术中是否有猫参与都造成了不容小视的轰动，引发了人们连篇累牍的议论。

拿破仑

拿破仑一世很可能对猫过敏，但他究竟怕不怕猫呢？莱斯莉·奥玛拉（Lesley O' Mara）在她的《猫》一书中肯定了这一点。人们很可能听到过这位伟大的皇帝在他的房间里被一只可怜的小猫吓得大喊大叫；还很可能见到过他满头大汗，持剑在手，只因为一只小猫钻进了他的帐篷。或许，滑铁卢大败前夜，他很可能梦见一只黑猫穿过战场……关于这件事，众说纷纭。实际上，拿破仑极有可能对我们这种可爱的猫科动物没有什么感觉，既说不上喜欢也谈不上讨厌。但无风不起浪，人们对此一直都有各种揣测。

希特勒

妄图统治整个世界的希特勒也不喜欢猫，之所以如此，是因为猫总爱捕食鸟类。极度迷信的希特勒也认为，一场大战之前，如果看到一只猫，就会带来厄运。真是个战争魔头！

美国第三十四任总统艾森豪威尔

"冷战"期间，曾经在第二次世界大战中当过将军（"霸王行动"就是由他指挥的）的美国总统德怀特·戴维·艾森豪威尔（1890～1969）就曾要求手下向所有胆敢进入他的花园的猫开枪射击。[6]

在老鼠的王国，拿破仑就是国王！

　　拿破仑总是被当时的漫画家选定为目标，经常被画成一只试图征服老鼠王国的大猫或者老虎。在这种背景下，皇帝被放逐后启发拉克洛瓦画出了一幅漫画，表现的是拿破仑骑着一只大猫抵达圣赫勒拿岛，向他的新臣民——众多老鼠们挥手致意。画中拿破仑摆出一副解放者的姿态，用那只名为奈伊的猫来表现他的诚意（就像猫爪握着的权杖所显示的那样）："圣赫勒拿岛的居民们，咱们交个朋友吧，我现在宣布你们为自由民。作为保证，我要把我带来的这位忠实的仆人送给你们。"

　　但老鼠们并不上当，就像在著名的《伊索寓言》中一样，它们毫无悬念地听出了这番言论中的伪善，立刻开始四散奔逃。

中世纪的"黑暗年代"：魔鬼之猫

待宰的牲畜

中世纪时，动物通常被当成人的同类。不管是强悍的（比如熊、狼、野猪……），还是因被当成食物而受到重视的（比如鱼、猪、家禽），各种动物在人们的日常生活中都十分常见。有些动物还成为战士、农民和猎人的伴侣。

但人与动物之间并非始终相安无事。今天人们常常惊讶于那时对动物提起的诸多诉讼：指控它们抢劫、偷盗甚至凶杀。而解决的办法只有一个，那就是严加惩处，以唤起肇事动物和它的主人对犯罪后果的畏惧。

今天的我们很难理解这种诉讼的推理过程。因为中世纪的人们一直生活在一个很不稳定的世界，各种各样的恐惧折磨着他们：对外来人口（乞丐和流浪汉）的恐惧、对饥饿和疾病的恐惧、对战争和侵略的恐惧。除此以外，还有对神秘事物的恐惧，这种恐惧则要上溯到祖辈们的信仰，诸如对魔

丢勒的《人的堕落》

　　这幅创作于 1504 年的版画是丢勒（Dürer）最著名的作品之一，表现的是天堂里的亚当与夏娃。

　　画中，夏娃正准备摘下智慧树上的果实。整幅画构图巧妙，好几种动物（鸟、兔子、牛……）聚集在画中，它们代表着人类的性情。

　　画面近景中，一只老鼠（人类的弱点）眼看就要成为猫（罪恶！）的猎物，猫的尾巴绕过女人的脚，而女人正在受到蛇的诱惑。

《人的堕落》，丢勒

鬼和巫术的恐惧，或者对地狱的恐惧，因为在他们的概念中，地狱里的惩罚是永远没有休止的。

天生的猎人

中世纪早期，人们对猫并没有那么深的敌意。就像人们很愿意相信的那样，由于具有捕捉老鼠的才干，猫很受农民的重视。当然，那个时候的猫还算不上消遣性动物，但由于它从事的工作非常实用，所以在家中为自己赢得了地位，可以自由地从一个房间穿行到另一个房间，同样也可以溜出家门。人们总是用亲切的字眼儿称呼它们（《狐狸的故事》就曾提到过这样的说法："这个要是温顺的母猫，那个就是谦恭的蛀虫。"），甚至还会给它们取个名字，但这些名字很少能一直流传到我们这个时代。小旅馆纷纷挂出画着猫的招牌。根据史料记载，当时的人们也会因为猫发生争吵：比如自家的猫让邻居偷走了。

毛皮靓丽的动物

中世纪的人们没有那么仁慈——这一点确有资料可以证实——他们喜欢用当时十分常见的野猫皮做交易，有时甚至使用家猫皮。我们就看到过这样的记载，那个时候，女修道院院长是禁止穿着比兔皮、猫皮和羔羊皮更加贵重的毛皮服

把这只猫押上！

　　《古制全书》是公元 440 年前后制定的爱尔兰古法汇编，里面记载了众多抵押期限为两天的物品，其中还提到过"黑猫和白猫"。这两种猫肯定都是当时人们喜爱的品种。

装的。此外，我们还从圣徒传记中得知，人们还是会穿用这些"低贱"的毛皮做成的服装，因为它们可以为人类抵御寒冷。这样的例子很多，其中有一例说起，比起猫皮，圣伍尔斯坦更喜欢羔羊皮，因为人们挂在嘴上的永远都是"上帝的羔羊"，从来没人说起"上帝的猫"，所以人们总是用羔羊来反衬猫，这种矛盾也就导致了对后者的某种不信任。

一道需要偷偷品尝的菜肴

还有更可怕的，猫肉经常被摆上餐桌，供人食用。当然，这也是在闹饥荒时迫不得已而为之，就像同等情况下食用其他家畜（例如驴、马或者狗）一样。考古学家在发掘（在贝桑松、杜埃等地）中挖出了带有刻意切割痕迹的猫骨架，由此证明，中世纪时，人们确实吃过这种动物。

罪恶的一面

包括雕塑、地毯、油画等在内，中世纪的艺术首先是一种宗教教育，包括能说出象征意义的各种动物。象征善行的动物有狮子、豹子、麒麟、鹿、鹰、鹈鹕和凤凰（它们全都象征着耶稣）；象征罪恶的则有鳄鱼、龙、狼、熊、狐狸和猴子（它们代表着魔鬼）。

这种象征主要来源于《旧约》和《新约》。那猫与这一

猫奶做不成奶油

　　《威尔士法典》依照猫守护收成免遭老鼠破坏的作用确定了猫的价值。威尔士公国在不同区域有一些特殊标准，有一条——也是最不具荒唐性的——就是关于猫奶的可食用性的规定。为了不让人们对这条标准产生一丝一毫的疑虑，又赶紧明确规定，有三种奶毫无价值，那就是猫奶、狗奶和马奶！

切又有何干系呢？它的地位何在？作用何在？其实《圣经》中根本就没提到过猫。在圣贤书籍讲述的动物寓言中，猫也没有找到自己的一席之地。

然而，它也并非一面未露。整个中世纪，我们在手稿装饰中可以看到很多有关猫的插图，比如动物寓言、装饰性字母、狩猎手册、医学论著以及祈祷书籍等。猫在其中的表现通常既天真又带有幽默感。

职业：图书管理员！

猫一般都生活在修道院里，修道士跟它们很合得来，甚至拿它们当朋友，就像我们在小故事《隐士的猫》中读到的那样。该书的好几种版本都流传甚广，其成功实至名归。

最早的几个版本都是由修道士和专业的抄写者手抄誊写的，之后被细心地收藏在图书馆中。因此，阻止老鼠毁坏它们就成了当务之急。从最初那些天主教修道士的时代直到现在，作为捕鼠能手，猫一直勇敢地担负着图书保管员的职责。当然，用的是它自己的法子！

异端清洁派教徒：披着猫外衣的魔鬼

当我们说起对异教徒的指控，特别是对清洁派教徒的指控时，猫是无论如何也要到场的一位。因为，人们一直对

"清洁派教徒"一词的词源存在争议。这个词本身所阐释的似乎就是猫这种小动物，来源于希腊语的"Katharos"，意思是"纯洁"。不过当事人自己从来没有使用过这个词，反倒是他们的对手对此津津乐道，其中的含义显然是用来贬损清洁派教徒的。1163 年，德国修道士艾克贝尔特·德舍瑙率先在布道时用到了这个字眼。将近三十年后，天主教神学家阿兰·德里尔（Alain de Lille）标出了"Catus"（猫）的拉丁语词源，并且用事实对此给出了解释。这个事实就是："清洁派教徒会亲吻猫的屁股，以这种方式让魔鬼现身。"如此侮辱清洁派教徒，是基于他们的信仰，因为他们总是将有形世界的创建归咎于罪恶法则。

　　不过，在中世纪的众多传统中，猫就是象征魔鬼的动物，这一点在德国尤其突出。基于这点我们很容易得出这样的结论（这一判断也充满诱惑力）：清洁派教徒崇拜的就是以长着翅膀的大白猫为形象的罪恶创造者。此外，中世纪时的德语单词"Ketter"（意思是异教徒），就是从"Katte"（也就是猫，现代德语为"Ketzer"和"Katze"）一词派生出来的。实际上，清洁派教徒精于转世学说，正是他们为猫赋予了认知事物的智慧与能力。同时作为素食主义者，他们拒绝食用动物肉，为的就是拒绝杀戮和制造痛苦，当然还因为他们认为这些动物拥有"在天之灵"。至于他们与猫之间的实际联系，很可能并不存在，说到底，他们对猫比对其他事物更不信任。[7]

圣殿骑士：诉讼案件

圣殿骑士团创建于 1118 年 [8]，第一次十字军东征之后，目的就是保卫圣地，保护朝圣者。于格·德佩恩和约弗鲁瓦·德·圣－奥梅尔就是圣殿骑士团的缔造者。虽然与清洁派教徒属于同一时代（1147 年），但圣殿骑士们——我们不要忘记，他们隶属于国王和教皇，所以不太可能公然违反国王与教皇的意志——仍然没有参加讨伐阿尔比教派的十字军东征。不过，我们怀疑他们有过接触，彼此心存好感，也许相互还提供了帮助。

不管怎么说，就像清洁派教徒面临的情形一样，人们控诉圣殿骑士团居然会崇拜一只大猫，而且还色调不一：红的、白的、黑的、斑点的……人们认为猫的魔鬼本性毋庸置疑，至少在铁面无私的宗教裁判所法官眼里就是这样板上钉钉。此时，那个亲吻猫的屁股的仪式也被提及。在这种情况下，圣吉尔的骑士贝尔纳·德萨尔格就坦承自己曾经参加过一场这样的仪式。仪式上，魔鬼曾经以猫的形象现出威严之身，向在场的所有人许诺，保证他们家业兴旺。而贝特朗·德席尔瓦则承认，自己曾经对一只猫顶礼膜拜，因为它能回答出人们向它提出的所有问题。在受到讯问后，其他圣殿骑士也曾告解过自己曾犯下同样的错误（崇拜或者亲吻过某只猫的屁股，在他们的描述中，猫的形态也各有不同）。然而，这样

撒旦之猫：巴弗灭

在涉及圣殿骑士的案件中，骑士们的自供状中经常会提到一个令人好奇的字眼：巴弗灭。它很可能是受到圣殿骑士敬仰的一个神秘的异教偶像，他们把它描绘成一只猫或者一个长着三张脸的脑袋，而其他人则拒不承认它的存在。

很难准确分辨它的起源是什么，尤其是这一如此具有争议的形象所包含的象征意义。

人们提出了好几种假设。神秘学家埃利法斯·莱维（Éliphas Lévi）（著有《超级魔法的教义与仪式》，1861 年）发布了一幅长着犄角和翅膀、生着男人身体和女人乳房的两性合一的巴弗灭画像，并且提出"巴弗灭"一词是由一种神秘代码派生而来。自从他提出这一神秘代码以来，这个代码就是：Templi omnium hominum pacis abbas（逐字逐句翻译过来的意思就是——跻身全人类之间的和平圣殿之父）。

　　对有些人来说，它是魔鬼的代表（因而成为崇拜的对象），是只有内行才能明白其中微妙的最高精神象征；对另一些人来说：猫再一次无意中与某种谜一般的、矛盾性的事物联系在了一起……

的自供状是在酷刑之下写就的，我们不得不考虑到对他们的大部分指控很可能都属于"莫须有"，更何况这些指控针对的都是美男子腓力四世[9]的敌人。

不需要过度纠缠于这些由中世纪历史中本就争议频仍的插曲所引发的吵闹且高潮迭起的辩论，我们只想指出，关于耶稣升天、关于这些"基督的贫苦骑士"悲惨结局的种种传说都与建造所罗门圣殿的《圣经》神话、与寻找格拉尔、与圣殿骑士的隐秘性、与骑士团的神秘宝藏等问题休戚相关。这些传说都产生于过去几个世纪之中，但直到今天还在继续滋养着我们这个时代的想象力。

猫迈着轻柔的步伐溜进了这个想象的世界，置身于所有问题的核心地带，不断挑起人们对它强烈的感受。这些感受既有正面的，也有负面的（往往更甚），仿佛猫从来就深谙此道。在此我们也注意到，对于小小猫咪的妖魔化已经成为打击异端邪说军火库中的一件利器，可惜这种妖魔化也只不过是一长串迷信说法的开端而已，这些迷信说法给我们这位可爱的朋友招来的只有不幸。

魔鬼之猫，神父之猫

19 世纪末，在雷佩尔茨维勒，一只黑猫开始在入夜时分到圣温德林教堂前站岗放哨。它不让任何人靠近，似乎随时准备攻击那些打算纠缠它的人。人们给神父施加压力，想让他在教堂门前洒圣水。而此时，猫则消失不见了。显然，这是一只魔鬼之猫——村民们无不发出这样的议论。后来，又过了一段时间，他们听说神父把猫送给了他在维默诺的教友。神父真是一点就透啊……

圣－让－德舍维鲁：猫牙山

那颗著名的猫牙就位于布尔杰（Bourget）湖畔坡岸上的山峰顶部，而且靠近颈部（当然是指猫的颈部），山岩上的一块印迹让人联想到猫的脑袋。很明显，在圣－让－德舍维鲁猫基本上可以说是无处不在，山峦起伏的地形地貌可以被轻易解释为猫的种种美妙姿态，而且均有说法和依据。

很久以前，山顶上就秘密地生活着一只体形庞大的巨猫。（那个时候，它的名字就已经叫"猫"了。）这只可怕的猫科动物遵循着一条它从不违反的法则：前十九个路过的人一律放过，第二十个人则会格杀勿论。（传说并没有讲明是什么原因。）

有一天，一名士兵休假回家，恰恰在他准备翻越山口时，得知自己赶上了天意注定的那个数字。他鼓起全部勇气，杀死了这个怪物。巨猫滚下山坡，消失在布尔杰湖水中。不过，人们其实不能确定它是否真的死了，他们觉得每当它发怒时还会将浑圆的后背拱出水面，竖起长毛，顶翻驶过的小船。

猫眼无泪

猫的眼睛总是那么让人迷惑：黑暗中能发出金属般的光泽，它的眼神充满神秘感，富有催眠效果，甚至带着些许冷漠，显得无情无义。

它究竟是好是坏呢？

从前，有一个美丽的传说，说的是所有动物聚在一起，为佛陀的去世而哭泣。也许并非所有动物，因为蛇和猫待在它们自己的角落一动不动，连一滴眼泪也没掉。突然，不知道从什么地方钻出了一只老鼠，开始舔食葬礼上的灯油。面对这样的大不敬，所有集会者都惊呆了。猫毫不迟疑，跳起来扑向老鼠，只一口就结果了它。

唉，简直是奇耻大辱！造下这等杀业，如此败坏佛祖身后的名声，实属亵渎！但我们要从中看到一种更高层面的智慧启示：从一开始，猫就应该摆脱虚幻世界，妥善控制自己的情绪。

那么，它到底是好是坏呢？

我们当真说得清楚吗？

伊普尔的 "星期三抛猫节"

从法兰德斯开始

　　伊普尔 [10] 是中世纪时繁荣的呢绒之城。人们把最优质的英格兰羊毛进口到这里，而且还有苏格兰和爱尔兰的羊毛，将这些羊毛存放在呢绒市场，然后再卖给手工艺人。经过程序复杂的加工，手工艺人把这些羊毛制成呢绒，然后它们将再次回到市场中的栖身之地，耐心等待一年一度的集市。只是，老鼠们会在这些又柔又软的高级呢绒中做窝安居，令呢绒商人们蒙受巨大损失。后来，终于有人找到了解决之道：以猫制鼠。人们迫不及待地往呢绒市场放入饥饿的猫群，猫则迅速完成使命，消灭了这些可恶的老鼠。呢绒商人们拍手称快，只是他们又遇到了计划之外的难处——猫不光捕鼠，它们自身还要繁殖。很快，伊普尔城便开始饱受猫的侵袭：好几百只猫咪在这座繁荣的呢绒之城四处游荡，寻找日渐稀缺的食物。它们踩坏这家的植物，又到那家门前撒尿……情况变得越来越令人难以忍受。怎么才能把这些猫全部清走呢？怎么才能消除这种新的祸患呢？除了把这些倒霉的动物从高高的市场塔楼上扔下来摔死，伊普尔人找不到更好的办法了。流行在伊普尔的某些传闻把扔猫行为与四旬斋[11]第二周开始的集市结合在了一起：这就是由博杜安三世（Baudoin III）于公元 962 年开创的"星期三抛猫节"。所抛之猫的数量似乎有多有少，也就是说，丰收之年抛下的猫会比歉收之年少一些。

还有一些消息来源声称，这种残忍的行为力求——只是象征性地——把魔鬼从作为交易场所的呢绒市场中赶走，以此来稳定来自全欧洲的商人们的情绪。作为恶魔仆人与帮凶的猫，就这样在大庭广众之下被赶了出去。关于抛猫一事，有好几种传说，但这项传统的真正原因是什么，我们至今不得而知。

直到欧洲各处

不幸的是，猫不仅仅是伊普尔这种可悲仪式的牺牲品。中世纪时，每逢大众节日，欧洲差不多到处都在以折磨猫为乐，这可能是人们把这种猫科动物与魔法、罪恶势力混为一谈的结果。仗着爪子上的肉垫，猫咪们移动得悄无声息，仿佛来无影去无踪，拥有突然出击的潇洒，加之两眼在昏黑的夜色中闪着神秘的光泽，因而让迷信者们心生畏惧。

弗雷娜的座驾

弗雷娜（Freyja，也译为弗雷亚［Freiya］），是斯堪的纳维亚的一位女神，她习惯乘坐猫拉的车子驶过夜空。有一段时间，人们总是把一碗牛奶放到自家的门槛上，用来喂养女神的猫。

这位女神有一条用黄金和琥珀做成的项链，能让男人们感受到她的魅力。当她穿上用猎鹰羽毛织成的斗篷时，就可以变身为鸟，从一个世界飞到另一个世界。最后，还有体形庞大的巨猫为她拉车。显然，这些猫只能是由魔鬼所变。

猎杀女巫与猎杀猫咪的行动同时展开

其实，把猫与巫术联系在一起的做法远远早于中世纪：无论是相信它们背上驮载着参加安息日的女巫（此处特指黑猫），还是认为它们自己就是女巫所变，反正它们始终都是与化身人形的魔鬼沆瀣一气的邪恶生命。基于这样的联想，在与异教和巫术的斗争中，教会起到了不容忽视的作用。而且，正是在宗教法庭时期，猫咪被"正式"看成招灾惹祸之物。教皇英诺森八世（Innocent Ⅷ，1432～1492）曾经拟定一道谕令，鼓励人们在大众节日将猫当成祭品用火烧死。

猫节游行之际，猫不再一味受到诅咒

不过，我们也不能把猫饱受折磨的场景以偏概全地推而广之。从一个时期到另一个时期，猫有过受虐待的时候，也有过被宠爱的时候。尽管"黑暗时代"曾经一再出现，但富于理性的智者无时不在。比如，法国的科尔贝就曾经要求每条船上都要配备两只猫，以制止鼠类的繁殖，借此杜绝重大疾病的传播。而路易十五则对白色的安哥拉猫情有独钟，如前文所述，在他统治时期，虐猫事件鲜有提及，原因就在于此。

回到伊普尔市，时至今日，这座别名"猫城"的城市因

烧死这些猫！

在苏格兰，人们会连续张罗四天节日，节日里的人们普遍陷入歇斯底里，用石头把猫砸死，以便将罪恶从这个世界上彻底根除。

在德国的石勒苏益格－荷尔斯泰因，到了耶稣受难节，人们就会把一只代表犹大的猫从村里的教堂顶上扔下去。

集市上，人们总爱把一只猫关进篮子里吊起来，用箭射它，以此取乐。倒霉的动物在箭矢的穿射中徒劳地挣扎着。

管风琴里的猫，是在 1545 年圣灵降临节前一个周日进行的铺张的大帝巡游活动中发明的一种玩法，也是猫所遭受的另外一种酷刑：把猫关进管风琴，用琴键按压它们的尾巴。它们发出的痛苦嚎叫让观众们乐不可支。

在巴黎的沙滩广场，人们会在兴高采烈的人群的注视中把十几只黑猫关进一只木桶用火烧死。法国的国王们即便不是亲自点火，也会出席这样的仪式。

　　到18世纪末，这种习俗依然在法国的梅斯（Metz）流行：据帕拉迪斯·德蒙克里夫（Paradis de Moncrif）在他所著《猫的历史》（*Histoire des Chats*，1727年）中所述，6月23日夏至这一天，这座城市的总督步伐稳健地迈向广场，广场上已经架好柴堆，正中央摆放着一只笼子，里面塞满了猫。聚集在广场上观赏行刑的人群认为眼前再现的是对一位古老女巫的刑罚，她当年就是在即将被付之一炬的那一刻变身为猫的。

举行猫节游行庆典而彻底做到了实至名归，猫节与本章开头提到的中世纪抛猫传统已经毫无关联。虽属原景重现，但它已经变成了呢绒市场门前的一场盛大表演。有乐队，有猫车，还有由当地居民扮成的巨人，也包括巨猫西佩。人群的喧嚣一浪高过一浪。此时，一个身穿红白相间服装的小丑在九名伴郎的伴奏声中爬上钟楼，把猫扔向空地，但都是长毛绒玩具猫。值得一提的是，俄罗斯也有类似的"猫日"，时间是每年的 3 月 1 日，由此证明，如今的猫咪已经不像过去几个世纪那样饱受中伤了。

注 释

1　Pierre de Ronsard, *Œuvres complètes*, vol. 6, Paris, Librairie A. Franck, MDCCCLXVI, p. 70.

2　Robert de Laroche, *Chats de Rome*, photographies Jean-Michel Labat, La Renaissance du Livre, 2006.

3　此处是指法国瓦卢瓦王朝国王，在位时间为1574～1589年。——译者注

4　本名洛尔·朱诺（Laure Junot），法国回忆录作家。——译者注

5　*Mémoires de la duchesse d'Abrantès*, tome I, Les Coulisses du Consulat.

6　Robert de Laroche, *L'Enchatclopédie*, éditions de l'Archipel, 2010.

7　清洁派教徒似乎能识别出哪些是上帝的动物，哪些是魔鬼的动物，而猫很有可能被归入后者的行列（参见书后的《参考书目》，劳伦斯·博比斯所著之书的209页）。

8　圣殿骑士团成立时间并不确定，但一般认为不会迟于1120年。——译者注

9　法国卡佩王朝第十一任国王，在位时间为1285～1314年。——译者注

10　位于比利时西部，是比利时弗拉芒大区西法兰德斯省首府。——译者注

11　也叫大斋节，其封斋期一般是从圣灰节的星期三直到复活节，是基督徒保持禁食和为复活节做准备的忏悔时期。——译者注

Leur chat

名人愛猫

宫廷宠儿

图特摩斯的母猫

在一副装饰豪华、推定日期为公元前 1400 年的石棺中，人们发现了一只母猫的木乃伊，这只母猫属于阿梅诺菲斯三世法老的儿子图特摩斯王子。[1] 它蹲坐在一张摆放祭品的桌子旁边，姿态被展现得优雅至极，身上还点缀着一条项链。它的主人甚至还让人刻上丧葬用语，就像对人一样。由此可见，主人在它生前对它有多疼爱，失去它以后就有多悲伤。

屋大维·奥古斯都皇帝有一只会治病的母猫

这个世界一直都不乏爱猫者。早在公元前 10 年，强大的屋大维·奥古斯都大帝就已经在他的回忆录中写下了几行奇怪的文字，描写的是把他与那只"长毛、黄眼、在（他）老迈之年成为他挚友"的母猫联系在一起的亲密关系。他在

猫街

　　罗马有一条猫街：La via della Gatta！这条街得名于距此不远的一尊大理石像，就位于格拉齐奥利宫的檐口上，表现的当然是一只母猫！

　　根据传说，人们是为了纪念一只母猫而把它立在这里。从前，这只母猫很有可能用自己的叫声把格拉齐奥利宫的居民从一场大火中救了出来。人们还说，沿着它的脑袋所指的方向前进，就会找到一笔财宝。

回忆录中同时夸奖了它的优雅与美丽、独立的个性，尤其是它的无私为他带来的那种巨大的幸福感，"把我从悲观的思想中解放出来"，"对我要求的并不比我乐于给它的更多"。只要养上一只猫，就不用找心理医生了！

日本天皇的爱猫：妙道野本

"妙道"（Myobo），这个与贵族姓名谐音的名字，是一条天皇（980～1011，日本第六十六代天皇）给自己最喜爱的猫取的名字。此猫在宫廷中地位殊胜，生活水准堪比王子。就这样，它的食物越来越精致，每次都是坐着轿子出行。侍女们变着法子哄它开心，务求让它衣食无忧，对它照顾得无微不至。

另外，据说这位一条天皇在999年第五个月的第十天（此乃圣日）发现了五只小猫。于是他决定，它们活在世上的每一天都要成为圣日，并下了一道保护它们的天皇谕令。人们不敢用它们去捕捉那些危害养蚕业的老鼠，宁愿把它们换成猫形小雕像（做得惟妙惟肖，绝对没得说）放到要害位置吓唬老鼠，可惜老鼠并不上当……

一位中国皇帝的护身猫：雪眉

明世宗朱厚熜（1507～1567）是明朝第十一位皇帝，他

吸血的化猫

根据日本的一个传说，一只喝下受害女性鲜血的猫随即就可以盗用她的身体，诱惑她的恋人。

在江户时代[2]，肥前藩的一位大名（日本贵族），名为锅岛，因为下输围棋而杀死了对手。后者的母亲无法抑制自己的悲痛，宁愿选择自杀，但她死前把心里话告诉了她的猫。她死后，猫舔啜了她的血，变成了一只化猫（Bakeneko：Bake 就是变化，neko 就是猫）。

为了替女主人报仇，这只妖猫咬死了锅岛宠爱的女人，喝了她的血，变成了她的样子。

每天夜里，它都以削弱大名为乐，尽情吸吮他的鲜血。锅岛的身体日见不支。

他的手下十分担心。只要夜幕降临，守在他门前的年轻侍卫就像被施了魔法一样沉沉睡去，秘密于是得以保全。后来有一天，其中的一名侍卫想出了一个主意，他用匕首扎破自己的膝盖以保持清醒。就这样，他看到了眼睛闪着磷光的怪物如何像猫一般灵巧地钻进锅岛的房间。侍卫全力反抗，美丽的女怪物变成了一只巨大的黑猫，接着便逃得无影无踪。它后来再没来过这里。不久，锅岛就恢复了健康。

招财猫

豪德寺[3]是日本一座不太起眼的佛教寺庙，距离首都不远，后来就被并入了首都。有一天，经过寺庙的几个武士在路旁看到了一只正在招手的猫。于是他们认定此猫的出现肯定有所昭示，于是决定跟着它。进到寺庙，一位僧人请他们喝茶休息。此时，天上突然降下一场可怕的大暴雨，武士们为自己能够躲过这场大雨而深感庆幸，为此对那只猫心怀感激。获知这一奇遇的武士领主便把这座寺庙置于自己的保护之下，而豪德寺也就成了信徒们为自家猫咪祈福的祭坛。那只会招手的招财猫——或雕刻而成或用陶瓷塑造——从此成为住家或者商店橱窗的装饰物，亲切地迎接着家人、亲友和顾客。哪怕是在位于法国的日本餐馆，你也能看到它的形象。

对一只猫情有独钟，宠爱有加。他为这只猫起名"雪眉"：这只幸运的猫身上戴着各种珠宝，用金盘享用精美食物，乘坐铺有真丝软垫的轿子散步，甚至还享受着帝国最美丽的女仆不遗余力的悉心爱抚。

有一天，这只宠物——正巧穿着皇帝的"护身"衣——把一只刚从宫中捕到的可怜的小老鼠摆在了它的爪下。这一丰功伟绩立刻受到了举国上下的一致称赞，甚至招致它那位地位显赫的主人赋诗歌颂。这只神勇的猫咪过世之后，人们在它的墓碑上刻上了由这位高高在上的哲人亲笔题写的寓意深刻的三个大字："虬龙墓"。

黎世留的十四只猫

红衣主教黎世留（1585～1642，一译为黎塞留）阁下既是路易十三的名相，也是被菲利普·德尚佩涅的肖像画永久留存的"穿红衣者"，对他本就不必多加介绍。然而，我们当中很少有人知道这位怪人对猫的酷爱到了何种地步。他的十四只猫——其中大部分是波斯猫——被放进卢浮宫一间专门为它们收拾出来的房间里，受到百般呵护、千般照料。猫的名字也起得惊世骇俗：公报、假发、爱叫的咪咪、指甲上的红宝石、乖乖女、野麝香草、魔鬼……等一下，你刚才说什么？魔鬼？一个教会中人居然能起出这么古怪的名字！想象一下，那么威严的红衣主教如何在它耳边轻声细语，如何对它悉心爱抚，

黎世留的膝盖上永远卧着一只猫

　　黎世留[4]是法兰西学院的缔造者。他是一个工作狂，闲暇时间很少：他的一天开始得很早，凌晨两点就俯身于成堆的文件，一直工作到黎明才再次就寝。他每天最多可以工作十六个小时，这种时候，只有身边的猫可以帮他放松。黎世留在他的官邸建了一个猫舍，由两名用人专门负责。最后，只要他的这些宝贝宠儿稍有不适，他的私人医生就会应召赶来。

　　简而言之：他的床上、办公桌上、膝盖上，哪怕是他外出旅行时，猫都会陪伴左右，因为这位令人生畏的红衣主教从来不会和他的猫咪们分开。

又如何为有它的陪伴而心生欢喜……

有一个细节绝对意味深长，黎世留把他在这个世上的所有财产都留给了他的宝贝猫们。

波勒·德贡迪的金眼母猫：美尼娜

莱迪吉耶尔公爵夫人波勒·德贡迪（Paule de Gondi，1655～1716）是雷斯红衣主教的侄女，年纪轻轻就守了寡，就靠一只漂亮的灰毛金眼母猫美尼娜排遣寂寞。她对它十分疼爱，在它的陪伴下挨过了整整七年时光。她就住在巴黎樱桃园街富丽堂皇的扎梅特 - 莱迪吉耶尔公馆[5]，沙皇彼得大帝在她入住以后也曾迈入过这间公馆的大门。

美尼娜死后，伤心欲绝的公爵夫人让人在公馆花园为它修建了陵墓，由法兰西学院秘书撰写的墓志铭道出了她全部的眷恋与痛苦：

美尼娜长眠于此，放眼所有的猫咪，它最让我疼爱也最惹人怜惜……

路易十五的白色安哥拉猫：布里扬

路易十五（1710～1774）不允许任何人抚摸他的爱猫布里扬。它丝一般亮白的长毛和蓝色的眼睛让爱猫成性的

阴谋败露

凭借一副讨人喜欢的好身板，弗朗索瓦·德·波旁－旺多姆公爵在女人身上屡屡得手。玛丽·德谢弗勒斯打算对他擅加利用，以便杀死他们俩的共同敌人——红衣主教。

在他们的诸多阴谋中，有一条就是买通黎世留的室内侍从，让他把毒药抹在那只安哥拉大白猫身上，那是主教最钟爱的"乖乖女"。等它难受得快死的时候，它的主人肯定会对它多加爱抚，这样，接触到毒药的猫主人也会因此丧生。但阴谋被发现了。玛丽·德谢弗勒斯女扮男装趁机逃跑。至于后来改名博福尔的那位公爵（上有老下有小）则被流放到伦敦，而提出这一建议的正是黎世留本人。

国王迷恋不已。每天早上，这只猫咪都会把他叫醒，似乎，开会的时候，它就在高等法院的桌子上玩耍……把这份迷恋传给他并在宫廷人员中参与创立豢养安哥拉猫时尚的正是王后玛丽·莱辛斯卡（1703~1768）。有一天晚上，国王撞见仆人们正在引逗这只猫跳舞取乐，他为此大发雷霆，足见他对猫的钟爱程度。

还要提一句，路易十五把圣让地区的杀猫行为定性为"野蛮而原始的陋习"，正是因为他的干预，这样的可悲习俗才得以终止。也正是在他统治时期，历史学家帕拉迪斯·德蒙克里夫以书信体写出了那部怪异的《猫的历史》，在18世纪风靡一时。这部作品获得了巨大成功，并为它的作者赢得了"猫学家"的称号。

玛丽-安托瓦尼特的旅行之猫

玛丽-安托瓦尼特[6]很喜欢动物，在她统治时期，凡尔赛宫养了很多种动物，主要是马和狗。顺应18世纪风行的田园生活品位，她对农畜也很有兴趣，当然还有宠物。那她会不会对猫也有所偏爱呢？

据说，王后为躲避大革命而准备出逃时，曾把家具、艺术品、文件，尤其是她的猫——都是土耳其安哥拉猫——托付给萨米埃尔·克卢队长，后者随即去了新英格兰。到达缅因州后，王后的猫很可能与当地农场的猫进行了杂交，

纯正的王室后裔

　　路易十五还特别喜欢一只长得非常漂亮的安哥拉猫，它高傲的姿态让国王不禁给它取了这样一个名字：将军。这只如此"高贵"的安哥拉猫拥有众多后裔。甚至可以说，今天出没于凡尔赛宫的猫咪们就属于它的后代，这种说法并非没有可能。

结果就生出了"缅因猫"。这些猫身体雄壮，须毛半长不短，颇具野性。

维多利亚女王那强壮又温柔的爱猫

怀特·希瑟（意思是"白色欧石南"）和弗利派是维多利亚女王（1819～1901）所养的两只波斯猫。这位猫咪挚友在1871年一次盛大的伦敦猫展上买下了它们。有些国民认为，这对猫咪的血统与维多利亚本人以及阿尔伯特几乎一样"高贵"。白色的波斯母猫安静而优雅，公猫则顽皮并略显好色……

如此富于英国特色的黑猫！

　　长期以来，黑猫一直被认为是魔鬼的代理人，但有时也会被视为吉祥物，比如在大不列颠。苏格兰与英格兰的国王查理一世（1625～1649 年在位）就养了这样一只猫，并把它当成自己的护身宝物。此猫于国王被捕的前一天去世，国王则遭到了审判，随即被议会军队处决（此时正值英国内战）。

总统与政治家的玩伴

利奥十二世教皇的爱猫：米切托

　　米切托出生于梵蒂冈，是一只可爱的家猫，作为利奥十二世教皇（1760～1829）的爱猫被载入史册。当然，有不少爱猫的教皇也曾把猫当成自己的玩伴。而米切托的命运却与众不同，它的一生开始于拉斐尔画满华美壁画的画室，随后好心的教皇看上了它，开始温情脉脉地照料它，小心翼翼地把它藏在长袍的一道下摆里，几乎走到哪儿都带着它。作为温和而谨慎的证人，米切托列席了主人与诸多来访者的会谈，倾听着他们讲述的每一个故事。没错！米切托见到过不少大人物！没错！米切托听到过不少新鲜事！后来，教皇过世之后，它又被送给了法国驻圣座大使。碰巧，这位大使并非凡人，而是当时法国最伟大的作家之一弗朗索瓦－勒内·德夏多布里昂。他撰写的《墓后回忆录》（*Mémoires d'outre-tombe*）对米切托寄予了浓厚的温情，正是它让他忘记了自己的流亡生活，他为此感念不已。

心惊胆战，忍住!

弗朗索瓦－勒内·德夏多布里昂是在康堡（Combourg）城堡长大的。据说，从前一位暴死于16世纪的同名伯爵，他的幽灵也住在这里，所以此处经常闹鬼。每到夜里，他就在这里丈量他的房产，旁边跟着一只由魔鬼变成的黑猫。

白宫里的第一只猫：虎斑猫达比

第一次把猫带进白宫的，是美国第十六任总统亚伯拉罕·林肯（1809~1865，遇刺身亡）。这只猫就是虎斑猫达比，它长得十分漂亮，主人对它喜爱有加，甚至让它坐在总统餐桌旁边的一张椅子上，用金质餐叉喂它吃饭，这样的举动时常会让林肯的夫人玛丽·托德·林肯忍无可忍。玛丽没有一次不指责总统夫君的这种过分行为，但她从丈夫那里得到的回答却不无幽默："要是这把金餐叉让前总统詹姆斯·布坎南觉得很合用，那我觉得它肯定也适合虎斑猫达比。"

乔治·克列孟梭的母猫：普鲁丹丝

先说一句：这位老虎总理——其实，他不太喜欢这个外号[7]——很喜欢猫。普鲁丹丝是一只漂亮的蓝色波斯猫，像他的斯凯梗犬一样让他引以为豪。想象一下这样的瞬间，乔治·克列孟梭（Georges Clemenceau，1841~1929）——"虎警大队"的缔造者、多次拒绝组阁的人、法国"胜利之父"[8]、第三共和国的风云人物——如何利用会议间隙爱抚他的猫咪好友，还不时与它聊上几句，而他开的可是决定欧洲命运的会议啊！

竞选共和国总统失利之后，他因自尊心受到伤害而离开政治舞台。此后他拿起作家之笔开始全新的生涯并入选法兰

三只小猫咪

据说，拜访格兰特（Grant）将军时，林肯很可能捡到过三只已经冻僵的猫。他把它们裹进大衣取暖，并且千方百计地想通过正规渠道让它们被人收养。

西学院，陪伴他的依然是忠实而深情的普鲁丹丝。

西奥多·罗斯福的爱猫："拖鞋"和汤姆·卡茨

1901年9月的一天，美国第二十六任总统西奥多·罗斯福（1858～1919）入主白宫，除了家眷，他还带来了一个别出心裁的小动物园：一只獾、一只蜥蜴、两条蛇、一只鹦鹉、一只兔子、一只猫头鹰、一只小白鼠、几只沙鼠（实际上肯定不止这些），此外还有五只狗和两只猫。

汤姆·卡茨的名字得自马克·吐温的一部短篇小说。它是一只漂亮的公猫，多少有些故作姿态。它经常不知羞耻地欺负它的狗伙伴们，放肆地跳到它们的背上，把它们当矮种马骑。这一令人恼火的习惯让毛色乌黑的小猎犬杰克深感不快。顽皮的汤姆·卡茨还会时常藏到家具后面，甚至是壁橱里面。每当这时，人们当然只能赶紧跑过去把它放出来。

作为猫咪品种的杰出代表，罗斯福家的"拖鞋"——一只长着虎纹的多趾猫[9]——每天大部分时间它都在睡觉，但正式宴请和新闻发布会它也不会缺席，因为这样的场合会让它持续不断地得到爱抚。当然，它曾经有一次实实在在地把爪子放到了餐盘里，但人们对它太过喜爱，不忍对它大加责罚。对此如果非要再拿出一个证据的话，那就是一次一场豪华的晚宴结束之后，它居然卧在走廊中间睡着了！可是宾主一行只能从这里进入音乐厅，于是罗斯福邀请他的几位尊贵来宾（英国大使及夫人）小心地绕过他的猫咪朋友，以免打扰它宝贵的酣睡。

雷蒙·庞加莱的暹罗猫："护身符"

所有人都会这样告诉你，雷蒙·庞加莱（Raymond Poincaré，1860～1934）喜欢动物，特别是猫（千万别与总统的表哥、数学家亨利·庞加莱搞混了，后者有比玩猫更重要的事要做），连他的传记也是这么说的。[10] 只有置身于爱猫"护身符"和牧羊犬斯科特之间，他才能把行政事务稍微放一放，这些事务有时会让他感觉格外沉重。此时的他才又感受到了简简单单的生活乐趣。

在庞加莱夫人往访一家美国医院的时候，"护身符"从很高的地方跌落到了院子里的石板上，夫妇俩那叫一个揪心呀！这位爱丽舍宫房客对他的猫咪可谓无微不至，因为他觉得它在那么多人中间总是感到不安，有些迷茫，对此他深感不安。[11]

即使是猫咪有时也会蛮不讲理（可这多有意思呀），但在他看来这也是优点。柏拉图在他的《法律篇》中不是说过吗："爱的人看被爱的人总是盲目的。"

丘吉尔的爱猫：卡特、纳尔逊和乔克

"并不是猫住在主人家，而是主人住在猫的家。"

温斯顿·丘吉尔（1874～1965）是那个时代英国最有权

势的人，他毕生都属于绝对的爱猫一族。在他养过的猫中，有三只名声在外：卡特、纳尔逊和乔克。

有一天，在被主人训斥了一顿之后，卡特藏了起来。丘吉尔找了半天，随后，在窗户上贴了一张大大的告示牌，上面的文字感人又滑稽："卡特回来吧，你做的一切我都原谅了！"不知道卡特是否看到了这个消息，但它确实回到了主人家。主人不仅大大松了一口气，还想方设法要让它忘掉那段不愉快的插曲。

乔克[12]是一只极其温柔的棕红色小猫，在丘吉尔八十八岁那年走进了他的生活。他们一起走过的路并不长，只有最后一小段：1965年，当它的主人丢下它离开人世的时候，乔克只有两岁。猫咪继续在丘吉尔家的查特维尔庄园平静地度过余生[13]，直到1971年死去。最后还要多说一句，查特维尔庄园后来被它的主人遗赠给了国民托管组织。这一慷慨遗赠的条件就是，这处舒适的住宅要永久性地接纳一只棕红色的猫咪，尽可能给它戴上白色的胸饰，穿上同样纯白的袜子，它的名字正是乔克。现在住在这里的是幸运的乔克五世：以前，它住在大街上，后来，被人在动物庇护所发现。现在，它终于可以在壁炉前面午睡，在漂亮的客厅地毯上行走，并享用新鲜的金枪鱼。

卡尔文·柯立芝总统的猫舍

1923至1929年在任的美国第三十任总统卡尔文·柯立

与可笑之人对着干

　　第二次世界大战期间，丘吉尔给他的猫咪玩伴取了个名字——纳尔逊（Nelson）。哦，这名字多恰如其分呀！你可能还记得，那位参加过特拉法加海战的海军上将纳尔逊，可惜他在那场海战中丢掉了性命。

　　丘吉尔的秘书约翰·科尔维尔曾讲过，有一次空袭警报时，黑猫纳尔逊藏身于五屉柜下面，而它的主人即使四肢着地也没有忘记它，徒劳地试图为它打气鼓劲："你真应该为藏在下面而感到羞愧，你那些勇敢的皇家空军小伙伴们正为拯救他们的国家在天上英勇作战呢！"

　　现在，你还觉得这只猫的名字那么恰如其分吗？差远了，除非说的是"纳尔逊战法"……

爱抚带来好运

丘吉尔总是喜欢爱抚路上碰到的每一只猫，他对它们一视同仁。很多英国人都认为，他对"小黑"[14]（两只后爪为白色的一只黑色家猫）的爱抚对他在第二次世界大战中赢得胜利有很大帮助。

芝与动物们——而且不仅是家养的动物——的交情极深，特别是猫。他拥有一个小动物园，里面有一只猞猁、两只幼狮、一只袋鼠、两只浣熊、一只狗熊，甚至还有一匹个头不大的河马。

　　而说到猫，有六只幸运的猫咪——名字分别是小黑、粗汉、登山者、护林熊、老虎和蒂米——与全家人一起生活在白宫。这幅画面似乎笼罩着一种富于温情的和谐，因为蒂米习惯于和金丝雀睡在一起。而那只叫"老虎"的猫每次都会尽量陪在主人身边，有时甚至还会盘绕在他的脖子上。

杰拉尔德·福特的爱猫："山参"

　　"山参"随着美国第三十八任总统杰拉尔德·福特（1913～2006）一家住进了白宫。它是福特夫妇的女儿苏珊·伊丽莎白所养的一只暹罗猫，它的名字得自全家人的一次中国之行。虽然得宠于年轻的女主人——它就睡在她的床上——但它也能为其他家人带来快乐，包括杰拉尔德·福特本人。它唯一要担心的就是如何躲开那只名叫"自由"的金毛寻回犬，它们之间的关系并不总是那么平和。然而作为一只纯粹的猫咪，"山参"对不能参与福特一家的某些出行心有不甘，只要他们一回来，它就会恣意表达它的不满。

戴高乐将军的爱猫：林戈·德巴尔马龙

伟大的夏尔也是猫的朋友？没错，没错，你看到的没错。这份友情始于他的后半生，当时他的夫人伊冯娜从正规渠道买下了一只毛色灰白、带有家谱的猫咪林戈·德巴尔马龙。像其他法国总统一样，夏尔·戴高乐（1890～1970）更喜欢狗。不过，这只须毛丝滑、眼睛金黄、肚皮溜圆的灰猫很懂如何赢得他的好感。被重新取名为"护身符"之后，它每天都陪着戴高乐在科隆贝双教堂的布瓦瑟里庄园散步。

这里是戴高乐家的房产，风景如画的旷野与森林很合将军的心意。将军不仅让"护身符"变成了他难得的、密不可分的玩伴，而且还会毫不犹豫地与马尔罗——下面要提到的另一位猫咪挚友——一起谈论它，有时甚至是在部长会议期间，让这些部长们觉得好生奇怪。有一天，因为被他那位文化部长的一个问题惹恼并发怒，戴高乐给出了这样的回答："小猫只会玩耍，大猫才会思考。"

安德烈·马尔罗的绿眼母猫："闪亮"

作为出色的小说家、西班牙内战斗士、法国抵抗运动成员以及戴高乐内阁的文化部长，马尔罗（1901～1976）似乎到了迟暮之年，也就是开始回归居家生活之后才发现了自己对猫咪的那份爱心。他在《反回忆录》(*Antimémoires*)中已经把他心爱的笔尖擦说了无数次，但在所有小说里却对猫咪未置一词……

历经沧桑之后，他生活的重心转向了睿智、宁静、简单的幸福以及猫咪。除了"裘皮"——一只金眼虎斑猫，尤其值得一提的是黑色的绿眼母猫"闪亮"，它真是很迷人。

肯尼迪总统的汤姆小猫

你还记得汤姆猫[15]和它的两个妹妹穆丝与密丝托弗尔吗？就是那个你小时候每天晚上都吵着要听的美妙故事。使点儿劲想一想！

美国第三十五任总统约翰·菲茨杰拉德·肯尼迪（1917～1963，遇刺身亡）的女儿卡罗琳，她的猫咪借用的就是比阿特丽克斯·波特（Beatrix Potter）笔下这位主人公的名字。其实白宫里的这只汤姆猫就该叫这个名字，因为它也有一大堆朋友，它和它们一起生活在"总统府"：兔子莎莎，虎皮鹦鹉蓝铃和玛丽贝尔，仓鼠比利和黛比，马儿萨达尔、矮种马麦克罗尼、得克萨斯和"小妖精"……哎哟！这份名单还没说全呢。不过，我们这只妙趣横生的小猫却不得不离开它们，因为总统对猫过敏，这是后来才诊断出来的。

猫咪粉丝

作为女文学家路易丝·德维尔莫兰（Louise de Vilmorin，1902～1969）的房客，马尔罗在维利埃尔－勒布伊松城堡（建于 17 世纪）度过了他生命中的最后几年，两人年轻时曾是恋人。他让人在城堡中被列为国家保护古迹的大门上挖了很多供猫出入的圆洞，令德维尔莫兰伤心不已。

吉米·卡特总统的明星猫：米堤

　　1977 年的时候，这只名字复杂的暹罗猫正舒舒服服地待在白宫。它其实是属于吉米·卡特总统（美国第三十九任总统，1924～　）的女儿艾米·林恩·卡特的。性格刚强的米堤总是要占卡特家收养的小狗格里茨的上风，让它们俩住在一起看来根本不可能。米堤大概就喜欢出风头，它成功地拍过一本挂历。此外，它也曾坐着总统的直升机出行。卧在它可爱的女主人房间安安静静打盹儿的时候，当天的美好时刻不时还会在它的脑海中萦绕。

比尔·克林顿总统的爱猫："短袜"

　　就像其他总统爱猫遇到的情形一样，"短袜"也是比尔·克林顿（美国第四十二任总统，1946～　）的女儿切尔西的宠物猫。她是 1991 年从她的钢琴课教师手里收养的"短袜"，但很快，这只毛色靓丽、黑白相间的漂亮猫咪就成了全家人的最爱，而且不仅是家里人。

　　"短袜"在克林顿总统任期内发挥了十分积极的作用，让全美国人民都认识了它。尤其是孩子们，他们非常喜欢它，因为它总是陪着第一夫人造访学校和医院。而且孩子们通过一部动画片参观白宫的时候，也总是由"短袜"为他们做向导。它还收到过不少来信（工作人员一封不落地全部回复），被好几本书写过，还被拍成过一部电视喜剧。

1997年，当拉布拉多犬"伙伴"出现在克林顿家的时候，"短袜"的地位受到了动摇。不仅不再是白宫中唯一的动物，而且连"最受喜爱的动物"的头衔也遭到了冲击。克林顿一家2001年离开白宫的时候把猫咪送给了总统的秘书贝蒂·居里，只把小狗留在家里。尽管如此，"短袜"依然名声在外。直到2004年，它还一直在参加某些庆祝活动（比如阿肯色州小石城的圣诞游行）。后因罹患癌症，它于2009年被处以安乐死。

乔治·W. 布什的母猫：印迪亚

布什总统（美国第四十三任总统，1946～　）的黑色母猫得名于得克萨斯骑警棒球队的队员鲁本·席埃拉（Rubén Sierra），他外号名为"印迪奥"（Indio），小猫取名"印迪亚"（India）。从1990年到2009年，它与布什一家共同生活了将近二十年，并在总统夫妇入主白宫时陪在他们身边。但不管怎么说，总统的那几只苏格兰猎犬——依旧总是主角——经常会遮住它的光芒。

最高长官！猫神长官！

在亚洲某些国家，那些灵魂转世说的信徒们认为，死者的灵魂会进入自家的猫身上。

1838 年，孟买总督罗伯特·格兰特（Robert Grant）爵士在当地去世。太阳落山后，守卫宫廷的哨兵见到每一只跨进家门的猫都会向它们敬礼，因为不知道它们当中哪一只以后会转世为总督。

学者们的玩伴

艾萨克·牛顿的灵感之猫马里恩

发现万有引力（或地心吸力）定律的艾萨克·牛顿（1643～1727）也是猫咪们的挚友。你可知道，启发他想到这一定律的，并非是一只苹果，尽管一直以来这种说法流传甚广。

此事的由来，是因为他的猫马里恩从苹果树上掉了下来。那还是1665年的事，当时，伦敦鼠疫肆虐，牛顿为此躲到了乌尔斯索普的乡下。一天下午，他正在苹果树下睡午觉，他的猫掉到了他的头上。（也就是说，他的猫有可能带下了一两只苹果，"误会"或许由此而来！）"月亮怎么就掉不下来呢？"这位物理学家（你也可以把他看成数学家，因为牛顿二者兼顾，他甚至还是一位星相学家）陷入沉思，由此一发而不可收拾。

现在，要是你想问我，牛顿的猫跑到苹果树上干什么，我会这样回答你：也许当时它正试图逃到屋外，先是爬出窗户，然后跳到苹果树上。那它为什么非要出去呢？当然是为了它那个宝贝主人着想！为了用天文望远镜观测，牛顿需要把自己关到一间小黑屋里，而且一关就是好几个小时。可就像所有自尊自爱的猫咪一样，他的猫也喜欢随时出出进进。就为这一条，它只好不停地打扰牛顿。

　　这位学者很在意猫的舒适程度，后来有一天他灵光闪现，在门上开了一个洞，并为这个出口装上了一扇小门。猫洞就此诞生。

　　最后说明一点，这只著名的猫咪名为：马里恩。

诺查丹玛斯的"老母猫"

　　我们永远记得这只神秘的猫咪，它那著名的主人把它看成是转世的克娄巴特拉之猫。而且这位"老母猫"在当时就已非常有名，此后也声誉不减。米歇尔·德诺特达姆（Michel de Nostredame，1503～1566），也就是知情者口中的诺查丹玛斯，主要研究的是星相学。文艺复兴时期，通常都是药剂师在干这种事。不过，诺查丹玛斯似乎也有预知未来的天赋。因为富于神秘性，而且随时需要参考各种学术研究成果，所以这一行相当难以入门。诺查丹玛斯似乎就是这样一位预言家。不管怎么说，猫咪和它的主人很受卡特琳·德美第奇[16]的器重，他们共同在一个象征命运的巨大迷宫中走动的场面甚至还被画了下来。

女巫之猫

　　1692 年，当马萨诸塞州发生著名的"塞勒姆女巫案"时，一个名叫罗伯特·唐纳的人坚称，有一个魔鬼变成了猫的模样，从窗户爬进他的卧室，企图把他掐死。他祈求圣三一保佑，吓跑那只魔鬼变成的猫，方才得以逃过此劫。

尼古拉·特斯拉的爱猫：马切克

你是否马上会想到生产汽车的特斯拉汽车公司？你想的并不全错，因为这家公司的名字就受到了生于克罗地亚（当时属于奥地利帝国）的那位天才的塞尔维亚人尼古拉·特斯拉（Nikola Tesla，1856～1943）的启发。他属于电能领域的发明家、物理学家，就像他喜欢自我标榜的那样，是一位"发现者"。不过，我们现在要说的，是"全世界最漂亮的猫咪"（就是马切克）的好朋友，也就是孩提时代的尼古拉·特斯拉。

在一个极其严酷的寒冬，和家人一起住在一处偏远农场的小尼古拉被一种神奇的现象迷住了：雪球扔在墙上会像烟花一样炸开。还有更让他惊奇的：马切克的后背上有一层闪光的亮斑，只要他的小手一摸，就会引发一场真正的火星雨，在寂静的房子里噼啪作响。小尼古拉的眼睛再也无法离开这只能放光的猫咪了，它迈着绵柔的步伐，只为他一人照亮所有昏暗的房间。后来，正是这只猫让尼古拉开始了对放电现象的研究。如果说，他的发现为人类提供了诸多便利，那么，这里同样也有猫咪马切克的功劳。

为猫疯狂

　　路易斯·韦恩（Louis Wain，1860～1939），人送外号"画猫者"。[17]这位为猫着魔的英国画家画了一万多幅猫，把猫画成长着大眼睛、穿着人类服装、醉心社交的"疯子"，有点像《拉封丹寓言》里的形象。

　　痴迷于猫的路易斯经常参观猫咪展览，这种展览在当时的大不列颠十分受欢迎。他还画了一组猫咪素描（一只小猫的圣诞聚会，也就是"猫咪圣诞节"）。在完成绘画工作的同时，他还主持成立了猫咪俱乐部。尽管在1917年被诊断患上精神分裂症，他还在继续创作优秀的猫画。以至于连著名的H. G. 威尔斯[18]都这样宣称："那些长得不像路易斯·韦恩笔下之猫的英国猫应该为它们自己感到羞愧。"

注　释

1　或者，根据其他消息来源，属于阿蒙霍特普四世法老的哥哥。

2　江户是东京的旧名。江户时期对应的是日本历史上传统的短暂分化。
　这一时代始于 1600 年左右，终于 1868 年。

3　东京都世田谷区的佛教曹洞宗寺庙，是招财猫的发祥地。——译者注

4　法王路易十三的宰相，红衣主教。三十年战争期间，他通过一系列外
　交努力，为法国赢得了很多的利益，为日后法国称霸欧陆奠定了基
　础。作为出色的政治家、外交家，与德国铁血宰相俾斯麦齐名。——
　译者注

5　我们借此机会说几句这座由佛罗伦萨金融家扎梅特出资修建的豪华公
　馆。在这里下榻过的名人包括亨利四世和加布里埃尔·德埃斯特雷。
　扎梅特死后，公馆被王室总管莱迪吉耶尔买下。著名的梅斯主教生命
　中的最后几年就是在莱迪吉耶尔公爵夫人，也就是他侄女的家里度过
　的，并在这里接待了德塞维涅夫人、高乃依、莫里哀以及其他很多名
　人……公馆于 1877 年拆除，搬到亨利四世大道重新开张。

6　法王路易十六王后。——译者注

7　对这个外号他提出过这样的异议："只会动嘴，不会动脑。这可不
　像我。"

8　这是他在停战之后得到的另一个外号，因为他在 1918 年法国重新崛
　起的过程中起到了重要作用。

9　"拖鞋"的两只前爪尖上各有六个脚趾。

10 这里指的是加布里埃尔·穆莱所著的《庞加莱先生和他的动物们》
（ *Monsieur Raymond Poincaré et ses bêtes* ）。

11 Raymond Poincaré, *Au service de la France : neuf années de souvenirs VIII. Verdun 1916*, Librairie Plon, 1931.

12 实际上，乔克就是那个把这只猫送给丘吉尔的约翰·科尔维尔的外号。

13 一说 1974 年。

14 "小黑"曾经是英国皇家海军"威尔士亲王"号军舰上的一个吉祥物。

15 原标题：《汤姆猫的故事》(1907 年)。

16 法国瓦卢瓦王朝亨利二世国王的王后。——译者注

17 Lesley O'Mara, *Les Chats*.

18 英国著名小说家，以创作科幻小说闻名于世。——译者注

Histoires de Chat(s)

猫的历史

伦敦塔里的忠诚之猫：特里克西

南安普敦伯爵三世亨利·赖奥思利（Henry Wriothesley，1573～1624）的冒险家名声无须赘述，他的慷慨大方也不用多说。（在伯爵的诸多善举中，有一项就是资助莎士比亚。）不过，这个正直的人却总是点火就着，而且为的经常都是不值一提的事由。他还不时会冒一些毫无意义的风险，当然，这样的机会有的是。在埃塞克斯，他策划了针对伊丽莎白一世女王的阴谋，正是这样一个轻率的冒险举动把他送进了监狱。时间到了 1601 年，此时我们这位可怜的伯爵正在伦敦塔一间阴冷潮湿的单人牢房服刑，母猫特里克西登场了：失去主人的痛苦让它难以忍受，它鼓足勇气，奋起四爪一跃，离开豪华家宅，踏上寻主之路。从小巷到房顶，再从房顶到小巷，它先是走到了伦敦市中心，继而终于找到了主人所在的位置，由此足见猫的直觉之灵。

它穿过烟囱，直接钻进了牢房。伯爵该怀着怎样的喜悦迎接它的到来呀！最令人震惊的是接下来发生的故事：整整两年的时间里，特里克西每天都和赖奥思利伯爵共同度过，把牢房漫长而阴郁的沉重岁月变成了轻松而活泼的美好时光。等到伊丽莎白一世去世，登上宝座的雅克一世还他以自由之身时，伯爵又带着他忠实的伙伴回到了城堡。

开了天眼的猫咪？

猫对环境十分敏感：气味、声音、温度……1976 年，就在意大利弗留利（Frioul）地震前夕，村里的猫全都赶在第一波震动之前跑出了家门，强大的感知力让它们对地震的迫近具有高度的警惕性。

南极探险猫：希皮先生

1914 年 8 月 1 日，"忍耐"号离开伦敦港，驶向南极。开船之前几天，"希皮先生"溜进了参与这次远征的那位木匠的工具箱。不过，它却受到了船员们的热烈欢迎，他们还指望它消除鼠患呢。一切顺利，直到有一天，船只遇冰受阻，最终破裂。从此处开始踏上冰面的远征队员们还要步行五百六十三公里的距离，他们保命的唯一机会就是不停地走。负责人欧内斯特·沙克尔顿决定，在这次迫不得已的长途跋涉中，他们只能携带保证存活的最低限度的必需品。最终，可怜的"希皮先生"于 1915 年 10 月 29 日终止了生命。经过三个半月的步行，船员们终于得到了救援。只是木匠麦克尼什（McNeish）还在为失去他的猫而伤心不已。

从 2004 年起，在位于新西兰的惠灵顿卡罗里公墓里，这位不幸的主人的坟墓上卧上了一只青铜铸成的猫咪……

你知道吗？

在苏格兰，人们认为把一只猫扔进海里就会导致船只失事。

"五月花二号"上的猫咪乘客：菲利克斯

1620 年 9 月，"五月花"号驶离英国的普利茅斯（Plymouth）。船上搭载着一百零二名移民，包括逃离雅克一世政权的那些虔诚的朝圣神父们。他们算得上是第一批移民，而这些朝圣者则被认为是未来美国的缔造之父。猫们也同时上了船，它们的任务始终不变：捕捉老鼠，以此保护船上所运的食品。

"五月花二号"建于 20 世纪 50 年代，更准确地说是 1957 年，用以重温并巩固英美之间的联系。在这艘船上，一只刚刚几周大的小猫菲利克斯也参与了这一次跨洋远航。它表现出了极大的勇气，甚至顶住了好几次风险，比如差点将它掀翻的那个大浪，以及那次摔破脚爪的不幸跌落。但只要结果好就一切都好，小猫咪顺利抵达。它被一位温和而富于爱心的主人收养，在波士顿地区过着安详的生活。尤其值得一提的是，当彼得·艾伦斯坦在一本写给孩子的书——《菲利克斯和它的"五月花二号"冒险》（*Felix and His Mayflower II Adventures*）中描述了它的种种历险之后，它开始变成了一只名猫。

乘坐飞艇穿越大西洋的第一只猫：胡普西

1919 年 7 月 6 日，那只名为"胡普西"（爵士乐曲名）的虎斑猫成为即将飞离苏格兰（东福京机场）的 R34 型飞艇乘客中的一员。除了二十六名机组成员，还有四名乘客（其中包括一名偷渡者）和我们这只可爱的猫咪。他们一起参加了这次打算飞越五千五百公里降到长岛的飞行。经过一百多个小时，飞行任务圆满完成。飞艇上的胡普西给大家带来了好运，它受到了一致好评。而且，这只猫咪还成了机组的吉祥物。

华盛顿山气象台里的猫

    位于白山森林公园的华盛顿山（高度为 1916 米）是美国东北部的最高峰。美洲印第安人称它为"大神之家"。第一座气象天文台是 1870 年在这里修建的。这里的气象服务始于 1932 年，是当今气象服务的鼻祖。

    猫们几乎从一开始就陪伴在气象学家左右：当然是为了捕捉老鼠，但同样因为，成为猫咪的朋友之后，这些正直的人们已经再也离不开它们了。

    在那些勇敢的猫咪中，有一只馋嘴的，或者说会吃的虎斑猫"碧玉"，它酷爱芦笋，在这里一待就是漫长的十四年。白天，它卧在窗前平静地打着呼噜，尽管室外狂风大作，它只是懒散地舔食着碗里的牛奶。夜幕降临之后，它就会英勇地冲出去捕猎。黎明时分，再把它数量可观的战利品陈列到气象台桥面上，博得人们的敬意。还有一只被媒体争相报道的明星母猫，名叫因加，它的形象无处不在，从明信片到冰箱贴。这肯定会让"碧玉"多少有点黯然失色，但谦虚而耐心的"碧玉"却毫不在意。1993 年猫咪尼恩顶替了因加，它似乎更上相，滑稽又热情。可话说回来，这些在华盛顿山上前赴后继的正直猫咪们难道不是个个如此吗？

气象学猫

只要猫在找火——你懂的，当它仔细地一一浏览家里的发热点时——它其实就在预示恶劣天气的到来：即将来临的是比往年更加寒冷的严冬。

如果猫把爪子放到耳朵后面，说明不久将要下雨。

最后，如果你家的猫咪睡得十分安详，连一根毛都不动一下，你大可以备好野餐竹篮外出游玩。

进入太空的第一只猫：费利赛特

继母狗莱卡（1957 年登上太空）之后，众多其他动物都在征服太空的过程中担当过先锋，其中就包括老鼠赫克托尔（1961 年，法国）和猴子汉姆（1961 年，美国）。

1963 年 10 月，轮到一只黑白相间的漂亮母猫费利赛特参与载人航天飞行了。最初，人们选择了十四只家猫，让它们接受了多项测试。接下来的筛选只留了两只一争高下：菲利克斯和费利赛特！然而，就在到达预计出发时间前不久，菲利克斯逃走了，这趟远行只剩下了唯一一个候选者：费利赛特。

于是，它登上运载火箭维罗尼卡的一个座舱，飞向了星空。这支火箭是从设在阿尔及利亚撒哈拉沙漠上的一个法国基地发射的。在法国航空航天医学教研中心（CERMA）的监控下，经过大约十分钟的飞行，费利赛特被活着送回地面。

探险北极的母猫：尼日罗拉克

1913 年，一次以科研为目的的北极探险队在人类学家维尔加尔默·斯蒂凡森（Vilhjalmur Stefansson）的组织之下得以成行。此人研究因纽特人的生活与文化经年，很想扩展目标，到北极继续他的研究。于是，十位科学家、若干因纽特人、一批由罗伯特·巴特莱特指挥的船员、一位木匠和几只动物（几只狗和一只黑色母猫）一起登上了以前曾经是捕鲸船的"卡鲁克"（Karluk）号双桅帆船。

很不幸，帆船先是卡在了冰面上，继而又偏航驶过了波弗特海，最后沉没。船员和远征队员们试图活下去，但在1914 年 9 月获救之前，超过一半的人失去了生命。

远征队员们主动把自己的口粮分给了黑色小母猫尼日罗拉克，他们的慷慨使它成为幸存者中的一员。踏上返程时，它以自己的活力——哦，简直太可爱了！——给他们带来了希望，带来了喜悦，留下了深刻印象。他们的慷慨确实值得！

它们究竟把罗盘藏在什么地方了呢?

　　猫天生就特别会认路。不管是在直觉的引领下回到一处它曾经认识并喜欢的地方，还是凭借独特本领为了与失散的主人团聚而寻向完全陌生的场所。那么漫长的路途是很难仅仅用超常的视觉和嗅觉乃至二者合一的感官记忆解释得通的。

　　研究人员认为，猫对地球磁场十分敏感。否则，对住在加利福尼亚的斯泰西·W．伍兹家那只名叫"宝贝"的波斯猫的冒险，又该如何解释呢？它的主人搬到了俄克拉荷马州，把它留给了一个朋友。但十四个月后，"宝贝"的身影却出现在了厨房窗台上，此刻他们完全惊呆了！它跋涉了两千五百公里才找到他们！

图书馆里的猫

威尼斯的宠儿：尼尼

12 世纪末，博尔加托（Borgato）先生那只漂亮的白猫就住在威尼斯的弗拉里咖啡馆。它经常利用午睡间隙跑到弗拉里教堂和城市档案馆，以阻止老鼠咬坏文献手稿。

这只猫咪如此出名，以至于在教堂留言簿上，有众多名人都留下了与它有关的信息：其中包括意大利的玛格丽特女王、庇护十世教皇、俾斯麦首相、俄国的亚历山大三世沙皇，甚至还有作曲家朱塞佩·威尔第（Giuseppe Verdi）。

伦敦之猫：麦克

1908 年，当时还是一只小猫的麦克来到英国图书馆以后很快就适应了这里的环境。它不仅帮助图书馆守卫完成看守任务，还会在埃及古籍区域捕捉老鼠，甚至驱赶数量过多并且堵塞花园的鸽子。后来，随着经验的积累，它开始监督参观者，并以生气的喵叫指出可疑之人。它很可能用这种办法阻止坏人偷盗某些书籍。

不管怎么说，它的讣告是由埃及学家欧内斯特·沃利斯·巴奇（Ernest Wallis Budge，1857～1934）亲自撰写的。

格拉斯哥公园里的猫咪：斯穆吉

1979 年，一只名叫斯穆吉的黑白相间的漂亮猫咪开始在人民宫"上班"。这座博物馆是 1898 年在苏格兰美丽的格拉斯哥公园开业的。很显然，它拥有自己的会员证，而且是合乎手续的。此外，斯穆吉还为陶瓷技师充当模特，让他们按照自己的形象做成小雕像，像卖小面包一样对外出售。

埃米尔塔日博物馆里的猫

大约有六十只各色品种的猫守卫在圣彼得堡埃米尔塔日博物馆的地下室和顶楼。

一开始，先是彼得大帝为他从荷兰收到的一只猫提供了庇护所。后来，他的女儿伊丽莎白·彼得罗芙娜女皇又让人从喀山弄来了"最能捕鼠的猫"。列宁格勒被围期间，宫中的这些猫族成员被饥饿的居民吃了个光。战争结束后，馆里又换上了新的猫咪。

　　这里的猫大部分都是家猫，馆里的工作人员根据它们的性格给每只猫都取了名字。每年3月都会为它们举办一个盛大的庆典：那就是著名的猫日。

　　博物馆周围的小路上专门布置了指示牌，提醒驾车者放慢速度，多加留意，这说明它们受到了怎样的优待。

　　作为为艺术服务的资深猫咪"守卫"，它们每只都有一张带照片的通行证。埃米尔塔日的这些猫咪工作者从此成为一种传说，而博物馆则再也离不开这些可爱的"合作者"了。

加斯科的传说

安杰丽娜：半是女孩半是猫

热尔北部的小村庄罗米厄对参观者不无诱惑：村里有牧师会主持的教堂，有堡垒，更令人惊奇的是，窗台上、墙壁上，到处都筑有猫的雕像。

根据人们的讲述，1330 年前后，村子一角住着一对幸福的年轻夫妇万桑和玛丽奈特。今天令我们赞叹不已的牧师会教堂其实就起始于那个时期。他们生了个小姑娘，名叫安杰丽娜。

但不幸突然降临，以伐木为业的万桑被一棵树砸死了，玛丽奈特伤心欲绝。小姑娘安杰丽娜只好由一位女邻居收养。这户人家碰巧养了好几只猫，而安杰丽娜又很喜欢猫，总是对它们百般爱抚。

但 1342 年到 1344 年的收成一直不好，饥饿与穷困笼罩着全村。村民们饿得不行，最后决定把猫吃掉。安杰丽娜的养父母允许她留下一只公猫和一只母猫。她总是尽量把它们藏起来，不让别人看见。等到村里度过这段悲惨时光，再度迎来丰收年景的时候，又开始面临另一种苦难：老鼠大量繁殖，收成再次面临威胁。幸好，安杰丽娜藏在顶楼上的猫咪生了一群小猫，就是它们拯救了全村。

　　人们还说，随着时间的推移，安杰丽娜的模样越长越像猫。村子里的广场上至今还矗立着一座奇怪的半是女孩半是猫的小雕像，人们以此表达对她的崇敬。

代　跋

正史时常令人愤慨，一切都打磨得那么光鲜，毫无粗糙感，简直完美无缺。所以，我们时常会在外面的某个地方透过一扇冰冷的橱窗欣赏到（或者怒目而视）永远僵化不变的一大群人像。总的来说，一座真正意义上的蜡像馆多少会让我们感到恐惧。里面的所有人物都是主角（或者是反派主角），闲杂人等恐难在此找到立足之地。比如"我们"！

与之相反，这本小书里的主角则既不僵化也不光鲜（除非有时我向你们特别明示），它们滑稽、淘气、活泼。它们对我们所了解的（或者自以为了解的）事物给出了全新的阐释。历史中的蜡像动了起来，把书中的纸页变成了一只只五彩缤纷的万花筒。

我希望这本书伴你度过的是一段美好时光。我自己在写这本书的时候就感受到了这样的美好。

THE "LOUIS WAIN" SERIES.

THE FORTY THIEVES.

Christmas Greetings

参考书目

Le Petit Mourre, *Dictionnaire d'Histoire universelle*, Bordas, 2004.

Sa Majesté le Chat. Types, robes, races (textes de Marie-José Courreau), Éditions Atlas, 2012.

Amodeo Fabio, *Le Chat. Art, histoire, symbolisme*, Éditions Robert Laffont, 1990.

Baldin Damien, *Histoire des animaux domestiques, XIXe XXe siècle*, Seuil, 2014.

Bienfait Bérangère, Bulard-Cordeau Brigitte, Parent Valérie, *Dictionnaire des chats illustres à l'usage des maîtres cultivés*, tome 1, *Chats réels*, Honoré Champion, 2014.

Bobis Laurence, *Une histoire du chat: de l'Antiquité à nos jours*, Seuil, coll. « Points Histoire », 2006.

Chateaubriand François René de, *Mémoires d'outre-tombe*, tomes I et II, Le Livre de Poche, coll. « Classiques », 2001.

Delalex Hélène, Maral Alexandre, Milovanovic Nicolas, *Marie-Antoinette*, Éditions du Chêne, 2013.

Frank Anne, *Journal*, Livre de Poche, coll. « Littérature et documents », 2013.

Fraser Antonia, *Rois et reines d'Angleterre*, Tallandier, 1979.

Galimard-Flavigny Bertrand, *Ceux qui ont fait la France: 200 personnages clés de l'histoire de France*, Leduc S. Éditions, 2012.

GROUSSET Alain, *Bêtes de guerre*, Flammarion Jeunesse, 2014.

MALRAUX, *Antimémoires*, Folio, 1972.

MAUDHUY Roger, *Les Chats et les Hommes. Une histoire extraordinaire*, Éditions Ouest-France, 2013.

O' MARA Lesley, *Les Chats: tout ce que vous avez toujours voulu savoir sur nos amis félins*, Éditions First, coll. «Pratique», 2005.

PASTOUREAU Michel, *Bestiaires du Moyen Âge*, Seuil, 2011.

POTTER Béatrix, *Tom Chaton*, Gallimard Jeunesse, coll. «La bibliothèque de Pierre Lapin», 2013.

SOLÉ Robert, *Bonaparte à la conquête de l'Égypte*, Seuil, coll. «Points Histoire», 2006.

SEMENUIK Nathalie, *Chat noir,* Rustica éditions, 2014.

VITOUX Frédéric, *Petit Dictionnaire amoureux des chats*, de l'Académie française, Plon/Fayard, 2008.

WALKER-MEIKLE Kathleen, *Chats du Moyen Âge*, Les Belles Lettres, 2011.

ZUFFI Stefano, *Les Chats dans l'art*, Éditions de La Martinière, 2007.

100 Chats qui ont fait l'histoire by Dorica Lucaci © Les Editions de l' Opportun，2015
Current Chinese language translation rights arranged through Divas International，Paris
巴黎迪法国际版权代理（www.divas-books.com）

图片声明：
本书中所有彩色猫插图均为路易斯·韦恩作品，来源于高品图像（Gaopinimages），特此注明。

图书在版编目（CIP）数据

创造历史的一百只猫／（法）多利卡·卢卡奇著；治棋译. —北京：
生活·读书·新知三联书店，2017.1
　　ISBN 978－7－108－05698－6

　　Ⅰ. ①创…　　Ⅱ. ①多…　②治…　　Ⅲ. ①猫－关系－世界史－
通俗读物　　Ⅳ. ① K109 ② Q959.838-49

中国版本图书馆 CIP 数据核字（2016）第 111548 号

责任编辑　王振峰
装帧设计　薛　宇
责任校对　张国荣
责任印制　徐　方
出版发行　生活·讀書·新知 三联书店
　　　　　（北京市东城区美术馆东街 22 号 100010）
网　　址　www.sdxjpc.com
经　　销　新华书店
印　　刷　北京隆昌伟业印刷有限公司
版　　次　2017 年 1 月北京第 1 版
　　　　　2017 年 1 月北京第 1 次印刷
开　　本　880 毫米×1092 毫米　1/32　印张 4.625
图 字 号　01-2016-8694
字　　数　80 千字　图 26 幅
印　　数　0,001－8,000 册
定　　价　29.00 元
　　　　　（印装查询：01064002715；邮购查询：01084010542）